林成川————

————主编

深圳出版社

图书在版编目（CIP）数据

渡："摆渡人杯"全国高中生征文大赛获奖作品选：2020—2022 / 林成川主编. -- 深圳：深圳出版社，2024.3

ISBN 978-7-5507-3989-5

Ⅰ.①渡… Ⅱ.①林… Ⅲ.①作文—高中—选集 Ⅳ.①H194.5

中国国家版本馆CIP数据核字(2024)第021888号

渡:"摆渡人杯"全国高中生征文大赛获奖作品选（2020—2022）

DU: "BAIDUREN BEI" QUANGUO GAOZHONGSHENG ZHENGWEN DASAI HUOJIANG ZUOPIN XUAN（2020—2022）

出 品 人	聂雄前
责任编辑	林凌珠
责任校对	聂文兵
责任技编	梁立新
封面题字	徐扬生
封面设计	YooRich-Linnk

出版发行	深圳出版社
地　　址	深圳市彩田南路海天综合大厦（518033）
网　　址	www.htph.com.cn
订购电话	0755-83460239（邮购、团购）
设计制作	深圳市龙瀚文化传播有限公司 0755-33133493
印　　刷	深圳市华信图文印务有限公司
开　　本	787mm×1092mm　1/32
印　　张	8.25
字　　数	116千
版　　次	2024年3月第1版
印　　次	2024年3月第1次
定　　价	48.00元

编委会

主　任：林成川

副主任：曹钰娟　马明霞　岳胜楠

　　　　赵东玲　张若含

编　委：张一帆　贾　涵　马千璎

　　　　黄嘉敏

序

谁谓河广，一苇可航

林成川

　　这本作文选，发端于四年前香港中文大学（深圳）与中国教育在线联合举办的"摆渡人杯"全国高中生征文大赛。当我接到本校招生办的委托——担任首届"摆渡人杯"征文大赛的评选统筹时，当即应承下来，因为我隐约感到本次比赛应运而生，意义非凡，对处于困境的高中生来说，尤其如此。没有谁是一座孤岛，人生难免失落与低潮。受挫之时，很多人也许第一次意识到有一种必要，或去追念，或去追寻，各自生命中的"摆渡人"，来为自己与他人指点迷津，引领方向。《论语》中有一段关于文学功用的经典论述："诗可以兴，可以观，可以群，可以怨。"我们可以加上一个"渡"字，因为文学除了"兴观群怨"，还能培养共情能力，推己及人，抚慰人心。

"摆渡人杯"的名称以及第一届比赛的主题，取自香港中文大学（深圳）校长徐扬生院士出版于 2018 年的一部散文集《摆渡人》。在其中一篇同名文章中，徐校长写道：

"我们每个人都坐过别人的渡船，同时也为别人撑过渡船。"

"人的生命是有限的，就像摆渡的时间是有限的一样。没有永恒，但我们可以有追求永恒的态度，正像大江口的渡船，一代代的摆渡人。感恩每一位渡过我们的人，再努力地去渡别人。渡船，渡人，生生不息，这就是人间追求永恒的尺度。"

简单的几句话，不假修饰，却蕴涵着深刻的哲理。幸运的是，第一届征文比赛就佳作云集，高中生对文学的热情与才华令阅者目不暇接，惊喜赞叹。我仍然清楚记得，比赛组织者马明霞老师应我所求，发来随机抽取的四篇文章，作为确立初选标准的样本。我读到其中一篇，喜出望外，如获至宝，难抑激动之情，马上致电马老师，告诉她"首奖有了"！作为教师与评委，最高兴的时刻莫过于读到好文章，且出自未成年的高中生之手，真是后生可畏。无论何种比赛、何种文选，撑起门面、树立品牌的关键所在，一定是经过严格筛选的高质量作品。这篇文章名为《遥远的摆渡人》，不出意外，最终摘得一等奖，并成为本书的开篇之作。相信很多读者读完这篇小说，会觉得似曾相识，因为它的主体情节很可能借鉴自经典电影《死亡诗社》（1989）与《放牛班的春天》（2004）。同样是关于教育，关于伟大的教师如何影响学生、慰藉人心、追求理想，它以一个十足"中国化"的故事展现出来，却不显得刻意造作，原因正在于作者技艺高超，匠心独运。作者选取光绪二十六年（1900）这一世纪之交的年份作为故事发生的历史背景，显然经过深思熟虑。这一年发生了八国联军侵华战争，清政府的统治摇摇欲坠，文化与思想上则处于中与西、新与旧、保守与激进的剧烈变革期。维新运动的主将梁启超正在流亡途中，他的著述已经唤醒一部分中国人。作者巧妙地虚构了一位主人公"陈善清"先生，从京城到一个封闭的小地方教书。如同《死亡诗社》中那位教师基汀先生，陈善清以其"超前"的教学理念受到学生欢迎，却不见容于顽固守旧的地主老爷，终遭驱逐。小说以一个渔夫之子的视角展开叙述，到最后读者会发现，打鱼人的职业身份恰好引出陈善清作为"摆渡人"的真正形象。短短的几个月，陈善清所引入的"新风"与老一辈人的"旧习"冲突不断，同时给学生带来前所未有的思想冲击。小说的焦点群体是智识初开、渴求新知的少年，又以梁启超的名篇《少年中国说》贯穿全文，结构上颇具巧思。在小说结尾，当陈善清讲完最后一课，在渡口与自发前来送行的学生道别时，不舍离别的学生们不禁大声吟诵《少年中国说》的片段，将全文推向高潮。这一告别的情景使读者联想起《死亡诗社》的结尾，学生们齐声呼喊"Oh, captain, my captain!"（"噢，船长，我的船长！"）异曲同工，感人至深。

第一届比赛不限文体，不限字数，收到稿件四千余篇。同学们尽情遨游于文学的海洋，各展所长，各显神通。还有一些篇目值得一提。如杂剧《渡疾记》，作者熟谙传统戏曲，写作功力颇深。剧本情节虽然简单，仍在有限的篇幅内刻画出至少三个"摆渡人"：妙兰之父、妙兰、吴医生。吴医生悬壶济世，以医渡人；妙兰继承父业，以船渡人。明末天下大乱，苍生不幸，至少还有他们几位"摆渡人"，给人保留希望。与这篇剧本同样给人留下难忘印象的是作者所在的合肥一六八中学。这所中学每一届比赛都投来大量稿件，高手如云，佳作频出，给予比赛最大的支持。据粗略统计，合肥一六八中学每届比赛均有学生获得一等奖，且获奖总人数几乎总是高居榜首，堪称三届"摆渡人杯"征文比赛的最佳学校组织。《突围》与《次品》属科幻小说，富有寓意，赢得众人赞誉。前者充满隐喻，主人公在通向"彼岸"的"摆渡"中，向死而生；在与另一个"自我"的对话中，唤醒"自我"。唯有自我解放，才是真正的"摆渡"。后者以诙谐幽默的文风叙述一段人与机器的友谊。一个具有人类智慧的机器诞生于世，却由于无法做到绝对服从和"道德端正"，被鉴定为"次品"。患难之际，这件"次品"居然对人产生了友情与同情，甘愿自我牺牲以拯救它（他）的主人（朋友），一反常规，却合乎情理，令人动容。《青鸟殷勤为探看》则是一则关于创作与创作之痛苦的寓言，个中滋味，热爱创作的人想必能感同身受。文学的江河，如何才能渡过？也许凭着一笔一苇，一心一意，才能换得百花齐放，万紫千红。

第二届的主题有三组，个人与社会、中国与世界、现在与未来，任选其一，仍然不限文体，但字数限制在四千以内，共收到稿件两千多篇。或许是因为主题较为抽象宏大，难以驾驭，不少投稿人错误地理解了比赛的宗旨，纷纷投来充满套路的应试议论文，令评委望而生畏。我想借此机会谈一谈比赛的评选标准。比赛评选与本书编选的原则实际上只有一条，同时也是最重要的原则，那便是恪守文学的标准。我们雅不愿看到应试"八股"，抒情浮夸，议论浮泛，既无真情，又欠文采；也怕看到风格混杂、无法归类的作品，其根源在于作者缺少基本的文体意识。因此，凡是内容空洞、大而无当、纯属呼喊口号者，一律不选。事实上无论散文小说，抑或诗歌戏剧，并非不可发议论，问题在于如何以文学的形式体现文学的思想。只有将议论与思想融入描写与叙事之中，知性与感性相结合，才能写出好作品。第二届比赛，好作品仍然让人眼前一亮。《狸花》借人与猫的对比与视角转换，体察"个人与社会"的关系，有点像王小波的《一只特立独行的猪》，也带着夏目漱石《我是猫》的影子。篇幅虽然短，变化着实不少。其余数篇，《名匠》值得细品；《百年孤独》可归为报告文学，作者以饱含情感的笔墨，叙述一件文物瑰宝失而复得的历史，将"中国与世界"结合起来，同时隐含对"现在与未来"的思考。《未来的陪伴》构思巧妙，读到最后，谜底揭开，让人思考随着时代进步、科技发展，人与人之间的情感联系是更加紧密，还是更加疏离？作为科技"产品"的"机器人"或 AI，能否填补空虚的情感生活？

第三届的主题缩小为一组反义词"逆境与生机"，焦点相对集中，更关乎时势，收到稿件约三千八百篇。这届比赛，除了依旧出色的文采，一系列优秀作品所体现出的思想境界尤其引人注目。《逆雪将行》改写自《后汉书》关于耿恭的记载，"将"字双关，既可作副词，又可理解为名词。将门之后耿恭率领数百人坚守西域疏勒城，抵御匈奴二万骑围攻，数月不下，仅余二十六人，誓死不降。绝境之中，终于迎来汉军救兵。此篇读来令人热血沸腾，为之扼腕。汪曾祺回忆沈从文在西南联大教写作，沈先生经常说的一句话是"要贴到人物来写"，人物的语言、作者的语言都要和人物相协调。《兰花草》庶几得之。它的语言描写特别出彩，口语对白极富生活气息，如能稍稍改正方言杂糅的问题，读来会更地道。我们从应征稿件中还发现一个值得欣慰的现象，中学生已经意识到以戏曲为代表的传统文化所面临的危机，不论是京戏还是黄梅戏，在年轻人群中已让位于流行文化。作为年轻人的一员，他们希望凭自己的一腔热血，唤起人们重新关注传统戏曲，为之赋予新生命。三篇以此为题材的散文《红梅得雪添丰韵》《黄梅戏腔》与《别戏》，不谋而合，让人从逆境中看到生机。

在三届征文比赛中，本校诸多师生参与评选工作，披沙沥金，不辞辛劳，特别感谢人文社科学院赵璞嵩、李博寒、张齐迎、黄永顺、金佳、余鹏、吕识途、李颖瑜、王秋晨、刘梦彬、熊艺等诸位同仁。三位在校本科生张一帆（人文社科学院 2019 级）、贾涵（人文社科学院 2022 级）、马千璎（经管学院 2022 级）负责本书初稿的校对工作。还有曾经参与初选工作的数十名评委，难以列举，在此谨致谢忱。征文比赛连续三年成功举办，离不开各位同仁的慧眼与热心，正是凭着共同的对文学的热爱，我们才能将任务圆满完成。在此意义上，大家既是无私的"义工"，也是文学的"摆渡人"。在每年不下一个月的时间里，我们共赏奇文，缕析疑义，推敲文字，体察文心。这本书的形成，既是三届"摆渡人杯"征文比赛的一个阶段性总结，也是我们一路走过的同甘共苦岁月的见证。

"谁谓河广，一苇可航。"人生是一条条长河，愿我们都能找到生命中的"摆渡人"。

2024 年 1 月

于香港中文大学（深圳）上园

目 录

第一届

第二届

第三届

第一届

遥远的摆渡人

王紫妍　上海市进才中学

　　光绪二十六年隆冬，细碎的雪花轻柔地落在略泛绿色的淮河之上，很快又融进去，好像什么都没有发生一样。虽然飘雪，但正落下的日头还是没被盖过去，雾蒙蒙的西头，能看出透过来的几分淡黄。一艘乌篷船被船夫摆到岸边，撑住了，撩开帘子，里面走出一个穿着深青色马褂的男子，下了船，对船夫作揖，有一小童为他提着两个箱子。岸边，郑老爷家的王管家带着俩小厮等待着，见那男子下船，急忙恭敬地迎上去。在王管家的引领下，几人一同走向了不远处一排小青瓦马头墙的房子，进入其中的一扇拱形门。

　　我想起几日前的传闻，说是郑老爷请了一位叫陈善清的先生到学堂来接替我们先前的老先生。听说那陈先生是从京城来的，还曾是梁启超先生的弟子呢。莫非这位男子就是新来的陈先生？

我叫福生，我家祖祖辈辈打鱼为生。父亲在渔歇之时，会去辛家做短工，我便一同前去打个下手。辛家老爷瞧着我机灵，就让我给他家二少爷陪读，这样我才得以进学堂上学。

翌日，郑家学堂的早课开始了，一个男子推门走了进来，正是我昨日所见的那人。

"诸位同学，即日起，我便是你们的教书先生，我姓陈。"我们起身，要向先生行跪拜礼，陈先生开口道："吾与尔皆为平等之人，大家相互尊重，日后相互作揖即可。"陈先生笑眼弯弯，双眸似秋泓一般，让我感到别样的温暖。

这一课，陈先生讲了《诗经》中的《蒹葭》一篇。他在抑扬顿挫地读完了全篇之后，开始讲解。最后，他说道，那些诗句说的是对佳人的追求，也可以说是对美好愿望、理想的追求。美好的理想在彼岸，可望而不可即，这就需要一个摆渡人撑一只渡船，把人渡到彼岸，去追寻那理想的世界。在此，他愿意成为我们的摆渡人，他愿意倾尽他的毕生所能，把我们摆渡到那个理想的彼岸，让我们拥有一个更美好的世界。什么是理想的彼岸？我有点发蒙，父亲带我打鱼，也是撑一只渔船，却从未听他说起有什么理想的彼岸。既然先生说理想的彼岸是一个美好的世界，那一定是有很多鱼的地方吧？是一个可以不用担心没有米吃的地方吧？……我不敢多问，想到先生要带我们去的一定是一个好地方，不免暗自高兴起来。

陈先生课上喜欢讲梁启超先生写的《少年中国说》，常常让我们诵读。先生说，梁先生鼓励少年奋发自强，因为国家的希望全在那些奋发有为的少年身上。先生每次这么说的时候，都目光灼灼地望着我们，仿佛我们就是那文中写的少年一般。

有时，陈先生会讲很多我们从未听说的旁的东西。比如，他说，世界是由一个叫上帝的神创造的，他的儿子耶稣为了拯救世界上的其他人，被钉死在了十字架上，最终复活，得到永生。这些，我半信半疑，我既愿相信先生说的，但也不曾忘记，之前老先生说过的盘古开天地的事情，到底这世界是谁带来的呢？我很是困惑。

有一天，我正要去二少爷房里，叫他去郑家学堂上学。刚踏进院门，辛老爷的怒吼就从里面传出来：

"敏德，你这崽子，这样不识礼数，看老子今天不扒了你的皮！"我扒在窗沿上，悄悄地听着，也不敢发出一点声音，更不敢进去瞧。二少爷带着哭腔的声音从里面传出来："爹，上帝面前人人平等，这是先生说的，您不能因为我不给您跪下就打我，老子打儿子也要讲道理，这是陈先生说的！""好你个猢狲崽子，整天净胡说，竟也敢教训起你老子来了！明天开始，不许再去姓陈的那里，居然学会顶撞你老子来了！成何体统！"砰的一声，辛老爷摔门出去，只留下二少爷一人，发出嘤嘤的哭声。

我悄悄溜进去，走到二少爷跟前，轻声对他说："二少爷，您别哭了，哭伤了眼睛，不值当。"

"那你说，怎么办啊？福生，我不想错过陈先生的课……"二少爷啜泣着，哭得红肿的眼睛瞧着我。

"二少爷，不如我悄悄去听了陈先生的课，回来再讲述给你听，可好？"二少爷点头答应。

从此，我每日悄悄溜进郑家学堂，躲在最后面的小角落里，默默地听着。回来后，我又把陈先生课上讲的东西再讲给二少爷听。有时，二少爷七岁的妹妹淑萍小姐也凑过来听。她这个年纪正在裹脚，被裹在长长白布里面的小脚，有时候会痛得走不动道，但又很想听听陈先生在学堂上说了些什么，就会差个小丫鬟来叫我们去她房里讲。淑萍小姐听到我说的陈先生课上的有趣之处，会咯咯地笑出声。

对先生说的那些事情，我有些想不明白的地方，也不敢问。同学里面，李举人的公子最是大胆，有一次课上，他问了一个我也想问的事情："先生，为何您总说外国来的基督教好，却不说孔孟好？我父亲说，您这样可是抬高他人贬损自己？可是对我大清国不忠？我父亲说，那些外国来的都是糟粕，都比不上儒家的一丁点道义，我不知道他说的对不对。先生，您以为呢？"

先生听罢，哈哈大笑，拍拍李家公子的肩膀说道："我们赞美别人，并不就是贬损自己。我们看到他人的好处，知道自己的不足，正是为了让我们赶紧学习他人，追赶他人。夜郎自大，自以为是，才会让大清落后于洋人。再有，先生平日里教导你们，常常说起那些勤勉有为的同学种种长处，如此这般，先生就是不喜欢你了，而唯独喜欢那好学生了吗？"先生诙谐的一番话，激起了一片笑声。李公子也释然地笑了。

冬日的江南，在清冷之中暗暗生发着春意。清晨，雨过之后，几缕阳光投在塔松上，在深绿的针叶上，晶莹的雨滴此刻闪烁着点点银光。不远处有几株红梅，傲立于凄清的寒风之中。

我经过淑萍小姐的小院门前，听见里面传出淑萍小姐的哭喊，还有含含糊糊的张妈的声音，"萍小姐您可别喊了，留心老爷听见了来打……"我知道，这定然是淑萍小姐不愿裹脚正哭喊，张妈正劝着呢。心里不禁微微地发酸，想象不出裹脚的疼痛，只是见淑萍小姐皱着眉，忍着痛楚走路的样子，都不忍心看。一小朵红梅触碰到我肩头，血一样的红色，我不禁想，或许，红梅并非自愿忍受寒冷罢，生于寒冬之际，它只能如此，是天决定了它有这样的命运？这殷红，莫不是它无痕的泪？

课堂上，陈先生正讲林景熙先生的《五云梅舍记》。"……'即其居累土为山，种梅百本，与乔松修篁为岁寒三友。'这便是'岁寒三友'的出处，松、竹经冬不凋，梅则迎寒开花，故称岁寒三友。可还有什么疑问的，不妨提出来。"我不禁想起了早上出门时的那一念头，便问陈先生对女子缠足的看法。

陈先生长叹一口气，原本平静的眼中似乎带上了一丝愤慨："缠足是中国社会的糟粕，早就该废除了！只是……"陈先生顿了顿，"只是，凭借少数人之力，终是敌不过朝廷的势力。"他又给我们讲了从古至今缠足对女子的戕害，女子为此所遭受的身心痛苦。我听了震惊不已，以前只听说三寸金莲之美，从未听说在这"美丽"的背后，女子要付出这等代价，瞧着淑萍小姐平时的样子，竟是忍受了这般折磨？"南方的很多地方已经开始放足了，不知此地，何时才能有这一天？"陈先生喃喃低语。

回到了辛家，我向敏德少爷和淑萍小姐讲述先生今天讲的道理，又把先生支持放足，而南方已经有地方实行放足一事说了出来。淑萍小姐先是一怔，接着就焦急地说道："福生，我要和爹爹去说，我不要裹脚，我也要放足！"我想，如果辛老爷同意小姐放足，那真是一件再好不过的事情了。

第二天再见到淑萍小姐的时候，只见她的一边脸肿了起来，她的精神也很不好。我才知道，她对老爷说了要放足，老爷一气之下，把她给打了，不光是脸上，背上也挨了板子，手臂有被竹条抽过的痕迹，一条长长的红印子延伸到手背上，手心也被打得红肿，瞧着让人心疼。"咳咳——咳——咳咳——"淑萍小姐咳嗽起来，是昨夜被罚跪祠堂，天气寒冷，受了风寒。我心里难受极了，后悔不该告知她放足的事情，是我害了她。

一日傍晚，从辛少爷的书房出来，我惯常地从内院里走出，经过大堂时，听见了里面传出激烈的争吵。隐约间，我似乎还听见了我父亲的声音。出了什么事吗？我不禁停下来，悄悄藏在一扇侧门后面，从门缝向厅堂看去。

"什么？竟还撺掇女子放足？！这陈善清未免太荒唐，太无法无天了！"说话的是一个身着藏青绸子长衫的男人，像是个老爷，"辛公，此事可当真？"

"千真万确，息女前几日所言，可是教我一顿好打！"是辛老爷。

"更有甚者，这陈善清竟主张剪辫子！我觉他自己的头可是不想要了，可莫害了我家孩儿！"

"这陈善清在课堂上不谈孔孟儒学，却是大谈西洋教，这岂不是要把我大清子民变成洋人子弟？怕是这些学童将来长大，受到这洋教的影响，不但不为我大清出力，反要生出反骨。他是要亡我大清啊！是可忍，孰不可忍！"

"诸位可知，那来我大清宣传洋教的传教士今夏在山西被山西巡抚和义和团斩杀一事吧？这陈善清传洋教，罪大恶极，那可是杀头之罪啊！"说话的是李举人。

"这分明是在祸害孩童，可恨！可恨！"人们愤怒了。

"事不宜迟，得赶紧应对，否则后果不堪设想！"

"赶紧让那陈某悬崖勒马才是！"

"什么悬崖勒马？尽早赶了他便是了！何苦留这等人贻害我子弟？！这城里怎见得没有好先生了？"

"我等这就到学堂找他理论，让他速速离开学堂，不再毒害我乡子弟！"

看来众人达成一致，准备直奔学堂而去了。我额头早已是沁出细密的汗，心里万分焦急，又不知道怎么办才好。

入夜，躺在床上，翻来覆去，怎么也睡不着觉。西洋传教士为什么要被杀呢？连同信教的孩童也要被杀？陈先生会被抓被杀吗？想到这里，我更是睡不着觉了。陈先生做错了什么事情吗？我一遍遍想着陈先生说过的话，朦胧中看到陈先生是在一条船上给我们讲课，他轻轻一点，小船轻快如箭，向着桃花盛开的彼岸飞去……

第二天一早，我按时赶到学堂，陈先生比平日来得早了，他着一件干净的玄色长衫，目光沉静柔和，等我们都到齐了，先生开口说道：

"诸位，这是我给大家上的最后一课了。"

同学们面面相觑，不知发生了什么事情。

"诸位，这个世界的未来是要靠你们去完成的，就像梁启超先生在《少年中国说》里写的那样。我只是做了一个摆渡人，带你们上了一条不一样的船，遗憾的是，没能将你们渡到那个理想的对岸。你们可否有勇气与信念，继续前行？在以后的日子里，你们就只能靠自己继续向前了！要记住，人活着，就应该追求一些新的更好的东西，向着一个更好的去处努力。抱残守缺，故步自封，等于自己杀死了自己。不思变革，自己戕害自己，那就国将不国了！"陈先生的话，掷地有声，在寂静的课堂回荡。我抬头，只见先生目光炯炯，一贯温和儒雅的他，此刻丝毫不见半点局促不安，神情中自有一种坦荡与释然。

"先生，你几时离开，我们去送送你吧！"我不禁起身说道。回过神来的同学，也纷纷附和。

先生微笑地看着我，摇摇头，淡淡地说道："不必了，福生，这份心意我领了！届时我一个人走吧，免得影响大家休息，还要上早课。"

课后，我和同学们暗里商量，打算悄悄给陈先生送行。

我偷偷向和父亲一样打鱼为生的渔民打听第二天的开船消息，很快就知道了具体时间。

敏德少爷和淑萍小姐听说了这事，央求我带他们一起给陈先生送行。淑萍小姐年幼，被裹的脚走路不便，我犹豫了，她见我不想带她同去，着急起来，说："你告知我那么多陈先生的话，我也是他的学生了，我也得去！"我见她说得在理，就答应了她。

从辛家出来，又是一个黄昏。不知不觉已是初春了，辛府院里的几棵樱花树开得正好，花瓣中透着的粉，似婴儿粉嫩的脸庞。屋檐角落的燕窝里，不知什么时候多了几只小燕子，扑棱着翅膀。冬去春来，先生却要离开了，我不能再听到他的课了，不禁心里一阵难过，加快脚步，逃也似的离开了那些花树。

翌日，天还未亮，我带着敏德少爷和淑萍小姐悄悄潜出辛府，去为陈先生践行。

我们要走一段山路，才能到达那个僻静的渡口。初春江南的黎明之前，依然是凉意彻骨，料峭春寒之中，草木沉寂，山川肃穆。"却顾所来径，苍苍横翠微"，我想起先生教过的这句诗句，想起先生初到时我远远看见他从船舱中走出，就如同发生在昨天。由冬到春，只有短短几个月工夫，我知道了很多事情，我再也不是从前那个我了，我知道了这世上有这样一位先生，他用他的船载着我，走了一段我从未走过的路。现在先生要走了，我会沿着这条先生指点的路继续走下去，走到先生所说的更好的地方。

为了照明，我们点起了事先准备好的火把。淑萍小姐的脚走路不便，开始时，我和敏德少爷一起搀扶着她走，后来，淑萍小姐实是走不动了，我就背她走。

走了一段山路后，我觉得有些异样，回头看看，只见蜿蜒的山路上，有着一个个火把发出的光点，接在一起，如同游龙火蛇，一点点地向山下的渡口移动着，好生壮观。

我的同学都来送先生了。

来到渡口，我们这些火把连成了一片，如同点点繁星降落在初春的河边。陈先生刚上了船，转过头，看见了我们，惊喜交加。

忽地，先生面向我们，鞠了一躬，我们也向先生鞠躬还礼。在火光的照射下，我们都可以看见彼此眼眶里的泪花。

船夫解开了缆绳，船开了，我们举着火把目送陈先生远去。

我突然觉得有好些话想和先生说，却又说不出来，想起了先生最爱的《少年中国说》，不禁大声开始诵读其中的片段：

"故今日之责任，不在他人，而全在我少年。少年智则国智，少年富则国富，少年强则国强。"

又有一些人加入吟诵："少年独立则国独立，少年自由则国自由，少年进步则国进步。"

更多的声音加入进来："少年胜于欧洲，则国胜于欧洲，少年雄于地球，则国雄于地球。"

所有人都一齐吟诵起来："红日初升，其道大光；河出伏流，一泻汪洋；潜龙腾渊，鳞爪飞扬；乳虎啸谷，百兽震惶……"

我们的声音由轻到重，由缓到急，由弱到强，最后，整个山里河边，整个天地之间，都充斥着我们的声音，充斥着那些朗朗诗句。在我们稚嫩又坚定的声音中，先生频频向我们挥手作别，他的小船渐行渐远，直至变成了天边的一个小点，天渐渐放亮了。

陈先生真的走了，可是，先生真的走了吗？在我们齐声诵读的时候，我分明感到了先生和我们同在，他也在和我们一起大声诵读着……我们有谁会忘了先生吗？看着淑萍小姐那汪着泪的眼睛，我知道不会。

这几个月，我们仿佛一下子长大了。陈先生在我们生命中留下的烙印，很可能会改变我们的一生，这样，先生不是已经把我们渡到了一个新的对岸了吗？我们有了一个新的起点，这个起点是陈先生给我们的，沿着这个新的起点，我们会百折不挠地向那个新的更美好的世界进发，直至抵达。

[本文获第一届香港中文大学（深圳）"摆渡人杯"卓越文采一等奖]

渡疾记

楔　子

（正旦扮妙兰引徕儿扮喜郎上，诗云）人生不逢时，当作雾缥缈。可怜小娘子，命悲不知归。妾身姓林，小字妙兰，苏州昆山人氏，年方二八。家中兄弟姐妹四人，我为老二，爹爹本为湖上渡人，继承只祖传的渡船，不图富贵，只为过往行人行个方便。本自承欢喜乐，不幸爹爹忽地害怪病亡逝，连带着小妹也一起去也！（做掩面科，云）止剩我姐弟二人孤苦贫难。况江南今地流贼窜乱，怪病四起，眼瞧湖上已无地容我，只得弃了渡船，上京投奔兀那经商大兄也！妙兰也，你这命好苦也呵！

【仙吕】【赏花时】我也只为无奈生计弃家行，因而忍痛割舍多年湖渡情。如今日人似飘摇萍，那堪那纷乱非停，只叹的昨日去无影。

（徕儿诗云）顽童淘气涉世浅，兀那烦恼亦自明。爹爹携妹过无归，只随阿姐北上去。（做咳嗽科）俺虽才十二岁见长，也晓得些人情冷暖也。想那爹爹还在时，亲戚邻里，无不与我家交好。今日换只白毛鹅，明日送块腱子肉，日日热热闹闹，其乐融融，委的快活也呵！那料爹爹这一走，邻家又无不避之不及。那日扯住隔壁王家小厮预备逗他一玩，他竟一面大叫些瘟神哩，一面飞走去，委实可怪！早些时日便听城内瘟病四起，想是谣言便罢，岂会传进爹爹身子去？（做摇头科，云）罢！罢！眼下仍是随阿姐上京去也。（做行科）

（正旦做抬头科，云）啊呀，将行至京城外，怎地落好大雨波！喜郎，快快拿出挡雨布来！（徕儿做翻找拿布科，正旦接，做叹科，云）天杀的咒我姐弟俩！兀的荒郊野外，有甚么去处避这大雨波？

（徕儿做探头科，云）阿姐，你瞧那东边，莫不是两三村居也！你与俺何不上前探探人家咱？

（正旦云）是也，你我快行动些！（做行科）

（徕儿云）这庄子莫不奇怪得很，偌大地方，杂草丛生，竟无些丝人气，倒是不时窜出些流鼠，阴风阵阵教人寒！（做发抖科）

（正旦云）天色早暗，约莫是那夜半寒风也。喜郎莫怕，切勿多想。你我眼下速速寻一落脚处为妙！

第一折

（卜儿扮赵婆上，诗云）触霉人遭触霉事，倒运人自倒运魂。老身赵婆婆是也，嫡亲的三口儿家属。不幸夫主早年亡逝，我和孩儿相依为命，挨到十八年月，又一雨疾风骤夜，孩儿登屋顶修缮茅草，不想被那鬼摸头，直愣愣掉将下来，落的个半身残废也。（正旦敲门科，云）此家主人在么？

（卜儿背云）听这声，须个小娘子也，来我这处端的做甚波？

（卜儿做开门科，正旦云）婆婆也，妾身妙兰，这是小弟喜郎，我姐弟二人从江南来京城探亲，不想半路上忽风雨大作，方寻得此村庄，望婆婆行行好，收留我二人一宿咱，日后我必当相报此情！

（卜儿云）啊呀，小娘快快请进哩，老身家贫屋漏，还望小娘勿嫌弃咱。

（正旦云）那我和喜郎便谢谢婆婆也。（唱）

【仙吕】【点绛唇】天行有难，姑苏也叹，有谁愁？只消得如今碰上好心婆，不教我姐弟俩游魂孤外么呵。

（做进门科，徕儿跟进，云）婆婆孤身一人在么？

（卜儿云）非也，老身有一小儿，前些日子摔断了腿，现在后房休憩，你二人不必多管，现随我来偏房安顿些罢。

（卜儿领正旦，徕儿做行科，云）奶奶也，我一路过来，觉此村庄空空寂寂无一人，家家户户门紧闭，独独与他地不同，这是甚么回事？

（卜儿做拉扯二人进房科，云）你二人房里来，待我慢慢地叙述这邪门事也。实不相瞒，这赵家村怕是中了邪么呵。前些日我进城购置些小米小盐，回来正瞧见歪脖子树下一人直挺挺立。原来是村口老李头，却见他面皮死白，眼眶子凹陷无神，怕是肉死魂莫散波。待我壮胆子上前察探，他倒忽地背下倒地去，便没了动静，眼口竟挂下两道乌血来！吓得教我直走去村里寻那老头小儿李二狗。不想他竟紧闭房门，我猛捶不开，只得大叫些他老子之事。亲生爹爹那！他倒开门，却道教那病快快老不死的自行消长去。我却见他面色同他老子相像，只以为遇上了鬼家，忙哩个奔回自家闩上门去。嘻，这莫不是邪神上身么呵！

（正旦唱）

【油葫芦】莫不是天下该遭着一水儿忧？怪病竟南北两端有！那知道人心不似水长流。想那爹爹害病时，也同这般模样久。心上浇油急无法，庸医更却耽救人，邻里也争相避恐，有谁叹？有谁愁？

【天下乐】莫不是前世招惹上甚厉鬼，今世紧随以寻仇？叹兀的爹爹平日好交游，却落个现日凄惨守，今个的只我叹，只我愁。

（卜儿云）你俩孩儿一路赶来怕是饿些了罢，后厨还有些冷薄粥，待老身热一热，拿来与你喝些罢。

（正旦云）奶奶也，我姐弟借此小住本自添你麻烦不少，那堪劳你再费心操办。夜半三更的，你老人家歇息去罢。

（卜儿云）也罢，小娘也早些歇息，我照看我儿去也。（同下）

第二折

（净扮兵士上，诗云）岁岁兵号损，年年募新丁。募得几人归，走得几人去。嗐！此年间又是大旱，又是蝗灾，外头闯贼骚扰不断，内里人人又害上甚邪气缠身的怪病，怎的不得安宁！想必此时督师提领赚的帐内花天酒地，止打发俺上村去募那壮丁呵。瞧村里家家一派死气，那里募得甚壮丁哩！（做探头科）咿，村尾赵婆家好似有些动静，待俺前去瞧瞧哩！（做叩门科）赵婆婆，你可在么？

（正旦做揉眼科，云）那来不讲理小厮，夜半叩妇人家门！

（卜儿云）吓！莫不又是那兵营来的催命小鬼，欲赶我孩儿上战场也么呵！小娘莫慌，老身自来应付。（做开门科）哟，今个是吹个甚么风，竟把军老爷吹来我小破茅屋呵！不知老爷可否赏老身个面子，进家来吃杯茶波？

（净做不耐烦科，云）去去去！老婆子可别想给俺下甚么套子，俺今是来寻你家那小厮入营哩。快快叫将他出来，免得俺生拉硬拽呵！

（卜儿云）啊呀！老爷莫不是忘了，小儿前些日子受了跌伤，并非不愿参军去，而是无能也。

（兵士做恶狠狠科，云）你这坏老婆子莫要拿话糊弄俺，兀那谎话俺早参透呵！（做按刀科）再不将他交出，俺这刀可不长眼哩！（卜儿做下跪科，云）军老爷也，老身所言若有半分假话，情愿老天下五雷轰也！老爷饶过我这回罢！（做抱净小腿科）

（净做踢开科，云）倘若俺饶你，兀那指挥使大人肯饶俺么！（做拔刀科）

（正旦做冲上前跪下科，云）且慢！军老爷也，这其中实有隐情相瞒！

【南吕】【一半儿】为甚么藏兀那小厮家中不肯去？莫不是他害上怪病无法走！我方才瞧见那孩儿凄惨状，吓得直教我放开步飞奔走。如何？则见他一半儿死白一半儿丑。

（净做后退科，云）吓，你详细描述些，那小厮现今如何模样？

（正旦云）夜黑火微，妾身路过后房，止瞧见那孩儿一张惨白面皮，眼角竟汩汩渗出些乌血来，委实吓杀我也！

（净云）住住住！莫不是那小厮也害上营中同等怪病也！罢罢罢，此地怕是早被邪气所沾染，若俺再多停留，也染上此病怎生是好！既然如此，且饶你罢。俺自回军营去也！（净下）（卜儿云）多谢小娘相救也！

（正旦云）这有何谢，不想那小厮竟如此经不住骗也。天已半亮，奶奶快休息去罢。（同下）

（徕儿上）明明白日青天里，俺却只觉好似项上千斤，晕乎不已，这个是怎回事哩！（做呕吐、倒地科）

（正旦上，云）啊呀，喜郎，你怎也面白如纸，眼珠无光也！

（正旦做哭科，唱）

【一枝花】我姐弟本是逃难子，好容易寻得落脚处；想不得天作我，又教我小弟苦。携走我爹妹仍不足，也将带我小弟走，莫教我一人行世也么呵！这霉事，妇人家恁的不得消受，叹的涕泣涟涟也！

（卜儿上，云）小娘莫哭坏了身子，老身听那城西门外有个药铺，坐堂的吴大夫如华佗再世，一双圣手不知治好多少奇病也！小娘大可前去求求那吴医，或救得那可怜喜郎孩儿也！

（正旦唱）

【隔尾】你说道神医妙手回春去，我得只身上路来。但愿喜郎早痊济，还我姐弟平安无忧倒大来喜。

（云）奶奶，我上路去也！

【贺新郎】一路无活人影，一路尸腐冲天，这天色也非近黄昏，反教人脚底生寒！奶奶也，你虽告我那邪气可怖，却也非说蔓延至此也。苦我单薄小女，那里走得兀的尸横遍野路也么呵！

第三折

（正末上，诗云）原想独避风雨外，一朝疠气召人还。瘟病何处容它往，离经达原自攻来。自家姓吴名正翰，苏州东山人氏也，太医出身，不愿看那宫廷庸医惺惺作态，只身行个赤脚医生浪迹民间。不想近几月疠气肆崇，危及人间，害得一水儿怪病阵阵发，我只得操办个药铺，好接待些可怜百姓也！

【正宫】【端正好】此端的起瘟病，实非并无来由，是罪那疠气也么呵。顷刻间气邪侵体便难逃，教得人怎生埋怨！

【滚绣球】有日月亮天边，无清风拂人间。天地也！岁祭非欠，诚心非减，又怎教这邪气罪将凡间！况那高高在上为官的仍歌舞旦暮，怎生忍教黎民百姓这般受瘟疫苦！逼得处处揭竿而起也！唯我一己之力，何以摆渡众生？哎，只落个悠悠自长淮！

（正旦上，云）探寻半日，好容易摸索来这芝麻小铺。呵，铺子不大，倒拥挤得很！想来莫不是真同奶奶所言，端的是位神医哩。

（副净王大川冲上，诗云）都言为军征战苦，谁道兵营生亦难。俺为城外驻军营里一小卒，本立志荡平闯军，护我大明，不曾料想今却害上那呕吐不止怪病！可恨那随军庸医只晓得喂俺些稀里糊涂药，害俺好生上吐下泻不得宁！现趁这晨雾弥漫从营中逃来，闻得兀那吴医人称圣手摆渡人，忙赶来求得服良药，好治俺这怪病也么呵！嚯呀，俺才赶到此门前，怎觉胃里翻江倒海的来？（做呕科，云）这下又怎连那脑袋也混沌不清的来？（做倒科）

（正旦云）啊呀！好一大黑壮汉，竟笔直倒那地上来！咿！口角又怎泅出血来！大夫！大夫！快救救他也！（呼喊科）

（正末做行、察看科，云）这厮沾上那疠气疾，又赶路良久，急火攻心致此也！万幸还挺着一口气，待我配些达原饮交与他服下，方能挽回命一条也！

（正旦云）大夫，我见你念叨些疠气瘟病甚的，端的个怎生回事也？

（正末做抬头、愣、打量科，半晌云）姑娘可否从江南来？

（正旦云）正是也，问这作甚？

（正末云）姑娘不记得小生，小生可念得姑娘也。三年前春夏之交，我于那阳澄湖畔行走，非曾留意脚下，不想竟一下滑进湖水中去。得幸一撑船老翁瞧见，将我捞起船上。念我磕伤不少，老翁渡我归家，委的是姑娘你照料我细致入微，我方能恢复痊愈。本想隔日上家拜访报恩，不想我被那贼军掳去，好容易逃将出来，做个行脚医生，辗转流浪京城来！你父女二人救命之情，小生感恩不尽，愿倾力相报也！

（正旦云）原是举手小事，打甚么不紧，扶助落水之人乃渡家传统，大夫无须多礼也。倒是似这稀奇古怪病，先是害我爹爹阿妹魂归西天，今又缠上我苦命小弟呕血连连，嘻！这教我一苦女子如何是好也！（做掩面科）

（正末云）姑娘莫慌也，小生虽医术不精，倒也摸索出些应付这瘟病的法子。依我瞧，此瘟缘于巷口那四窜毛鼠也。且其人传人速甚是迅疾，发病者无不呕吐腹泻，面皮惨白，鸠形鹄面，缓则半月，急则一日便呕血至死也。幸得我试验数次，配得一方药唤做达原饮，服用者方得减缓症状，控得些病情也。

（正旦云）真如此甚好！那便劳烦大夫随我前去赵家村，配方药与我弟吃，好救救我小弟是也！（同下）

第四折

（正旦上，云）自那吴神医妙手回春来，我小弟便日日渐好，今个竟得活泼似曾经也！

【双调】【新水令】想前日哭啼啼叹那苦命惨，感今日欢脱脱盼此新生来。喜悠悠把行装点，乐陶陶备饭菜来，则与那好心婆婆神医道别也，奔我那京城兄长么呵！

（卜儿上，云）我妙兰孩儿，怕你仍是走不得哩。我闻兀那闯军潼关已破，京城甚危，家家户户携儿带女，急慌慌南下逃难去，连那皇上也困于宫中不知如何也！又听那贼人凶恶似煞，你一弱女子若是逆行去，怕是凶多吉少也！不如留下此村，与我做个干女儿也好咱！

（正旦云）奶奶好意妙兰心领也，然渡家从小便传下莫依他人的家规，我姐弟二人实是无法赖于此地也。既京城去不得，我亦想些法子自求生路波！

（正末上，云）闯军即将兵临城下，京城也是乱作一团。治人渡人本易，护国渡国才难也！我来渡那水火挣扎中世人，谁又渡得此苟延残喘大明也！我寻思归乡暂避战乱，也趁此寻个清静地，将此疠气病案整理些。咿，此地莫不是赵婆婆家也，待我前去探视几眼那喜郎孩儿，再上路也不迟咱。（做行，敲门科）婆婆，妙兰姑娘，小生吴正翰前来察看些喜郎病情是也。

（正旦做开门科，云）大夫有心，且随我进屋吃杯茶也。

（正末做环视科，云）瞧这模样，姑娘将行远门否？

（正旦云）妾身本是前去投靠那京城兄长，不想如今情形，怕是此行难也！

（正末云）现闯军已成摧枯拉朽之势，京城已乱，想这大明朝如今贪官弄权，良将难存，民意尽失，怕是气息奄奄也！姑娘若是无处可去，何不携喜郎来，与我三人一同归苏州去。我自置座湖畔小屋，再承下只湖心小船。你于湖上驾此小舟渡那过客，我于屋内研那瘟病渡这苍生，如何也？

（正旦云）若真如此言，妙兰也好继我爹爹衣钵，终承得渡家之命数也。

（正旦、正末唱）

【鸳鸯煞尾】从今后不求独避风雨外，只把舟上那木桨摆。愿此疠气扰不再，天下苍生既安来！

［本文获第一届香港中文大学（深圳）"摆渡人杯"卓越文采一等奖］

突　围

上官芷琪　浙江省平湖中学

（一）Day Job
（务正业）

我猛然发现我的内心独白已经消失很久了。

何以见得呢？我已经很久很久没有考虑过中午吃什么这个问题了。我从惊醒那刻开始回忆，想起上一次对食物产生欲望，是在去年12月，在能冻死老狗的冬天里念着热闹的铜火锅，到底吃没吃上却是不记得的了。我曾经嗜甜，如今也不太记得甜究竟是个什么滋味，大概比工厂里机油的味道好一些。

我无法定论失去独白这件事是好是坏，是正常是异

常 —— 因为这半年来，我虽不快乐却也避过了悲伤，虽暂停了思考但也剥离了迷惘。从前我觉着这世道可怕，人性阴暗，如今倒也适应了，因为好似从一年前的某个夜晚起，所有人都成了没有独白的人，就像树被拦腰砍断，只残存树桩。所有人都只在脖子上放了口鱼缸，水里确是清澈见底空无一物的 —— 没有浑浊的泥沙，也没有粼粼的波光。

我也忘记了节奏，忘记了音乐，忘记了语言，忘记了诗。所有人都不讲话，所有人都沉睡。我们并没有被割掉喉舌变成哑巴，只是阉割了表达欲望。比机器的轰鸣声更震耳欲聋的是头脑里的死寂。我在醒来的那一刻便在恐惧：在过去的一年里，我究竟在怎么活，人究竟在怎么活。

他告诉我："走去看啊，看完你便知晓。"

我跟随惯性机械地听从命令，在通勤的路上看到和我穿着同样制服的工友朝着和我相同的方向走。我于是上前，拍了拍她的肩想道个早。她抬起头，把失焦的眼光聚集到我尽力展现友好的脸上。当我终于能从她的眼眶里看到她时，她不自然地回退了一步。我意识到自己的行为有些轻浮，想道声歉，却发现她虽仍看着我，但眼神却又涣散了。我有些无所适从，大脑却突然意识到她也对我道了声早——就好像是靠无线电波输送到我这个"接收端"似的。我没听到声音，也没有任何她向我问好的证据，但我就是知道，并能肯定。我看着她转身向前走，就像路遇相向而行的老友寒暄完道别后的样子，出其不意的惊喜后仍是一眼望不着边的平静——如果忽略我和她有着相同目的地，且她也只惊未喜这两项前提。她没有同行的意思，我也只好尴尬地独自向前走。

　　如今的城市和乡村都是寂静的，但乡村至少还有虫语和鸟鸣。

　　我到了工厂里，流水线在完美地运行着。一切都与平常无异，我却觉得一切都不一样了。校对设计图，批注，改正，操作机器下料，这样的工作我好似在昏睡中做了半年，现在却不堪忍受。重复的机械的动作，重复的机械的行程，重复的机械的人，重复的机械的眼神：这都是我的日常工作和生活。

（二）How can I love？
（我如何能去爱？）

我的父母在过去半年先后离世，我却连一丝葬礼的记忆都不曾有，甚至不记得他们的骨血腐在哪一块冰冷的土地。我对此感到愧疚，但每当这一鲜活的情感使我产生如同几欲坍倒的老房子里的梁，还在苟延残喘地顶着天花板般的钝痛时，总有一股奇怪的信息阻拦我深入感知这痛，就像多年前许多人凑作一团闯红灯似的——总是逼停车给他们让路。我倒是有些庆幸，被动逃避虽然可耻，但到底是躲过了巨大的伤痛。

这个时代没有人在浪费时间交谈，也鲜少人记得语言，我虽自认情感匮乏，但自苏醒之日起积压的情感也若将泄之洪。令人绝望的是，没有人愿意疏浚水道，或者说，我没有信心能找到一个"大禹"——我见惯了路上那些空洞的、沉睡着的眼神。被情感淹没的感觉很奇妙，就像溺水：窒息感让肺部烧得发疼，但逐渐也麻木了。

我和自己的情感产生隔膜，对自己偶尔的审视也像隔了层窗户纸，认不清楚。日子这样浑浑噩噩地过也还不错，无可喜亦无可悲。规避痛苦也忘记爱。但一个月前，在傍晚的地铁上，我爱上了一个女人，像老房子着了火一般地。

那天傍晚（我永不会忘记的那个灰色背景，带有暖黄灯光的傍晚），我几乎不抱任何希望地抬头，在周围人群中寻找和我一样的苏醒者。在目光掠过乌泱泱的无趣冷漠的脸后，她突然像海洋上灯塔的光直切进我心里。她年纪不轻，估计四十岁上下，过分瘦弱的身体穿着墨绿色的长裙，浑身散发清冷自持的气质，让人联想起亚寒带森林里的落叶松；但那双灵动的眼睛就像迷失在幽深森林里的鹿，惶恐又充满好奇。我能肯定她是个醒着的人。

我看她低头沉思，眉头紧锁；看她因想起些趣事捂嘴轻笑，又担心被人发现而抿紧嘴唇，但微微上扬的嘴角却是怎么也压不下去；看她穿着英式小皮靴的脚一下下点着地面，似乎是很久以前的流行歌曲的节奏。她是我太久太久没遇见过的生命。她的眼神仅仅扫过我的木讷的脸一眼，我都觉得那是无上的恩荣。我本不应该认识这是爱，但她久违地灼痛我了。爱从来不同欣喜相伴，得到爱也不意味着获得幸福；相反，爱和痛向来形影不离，人只当拥有感知痛的能力后，方可学会去爱。

于是我每晚都在期待与她在地铁里相会，在藏好我狂热的眼神和心情后，隔着中间石像般的甲乙丙丁，注视她，也装成一座石像是为了不吓到她。她轻微的动作就增加了些我对这荒诞无聊的世道的耐心。

但她却消失了，毫无征兆。灯灭了，全世界的傍晚又变回灰色。

他说："你不被允许去爱。世人都不被允许去爱。诗人赞颂爱，于是他们被捂着嘴在哭喊时死去，而你要在这个世道活下去。"

"你是谁？"我问。

而我头脑中的那个声音却缄默了。

"那我便不再愿无爱无痛地活。若连活着都不痛苦，那么活着和死去也无二致。"

他再没出声，沉默宣判我爱情命定的死亡。

（三）Everybody's Gone to the Rapture
（万众狂欢）

涂成绿色的水泥墙上贴着公告：

公　告

我市将于明天（4月25日）晚8点举行4月大众心理疏导活动，届时请各位市民携带有效证件参加。迟到和未到者按违反组织纪律处理。

组织_____

2120 年 4 月 24 日

　　我自苏醒后再没参加过心理疏导，对曾经参加的记忆也不甚模糊，所以这次心理疏导活动对我而言，算是一成不变之中生出的"新鲜事"，理所当然地吊起了我的兴趣。我期待满怀，不曾想这将会是我见证地狱之火燃烧的一天。

　　又重复了一日校对设计图，批注，改正，操作机器下料的工作，又吃了三餐工厂食堂里寡淡无味的白煮人工肉和盐焗马铃薯，终于挨到了 25 日，也就是今天。为了今晚的盛事，我特意回家换下了呆板的工作制服，翻箱倒柜出一件颜色不算鲜艳的风衣。我想打扮得时髦些，但如今最时髦的便是工作制服。我于是按印象中多年前的时尚配搭，到最后却变成不同款式和色彩的堆砌。我还洗了半小时的澡，把每寸皮肤都用力揉搓过，阳物更是仔细地清洗过，期待在这个全部市民都出席的盛典上能与我的单方面爱人重逢，期待我能有机会假造一场艳遇，甚至能与她 —— 一个活着的、醒着的人 —— 做一场爱。我刷了牙，刮了胡楂，喷了所余不多且无价无市的古龙水。我走出门，迎向我认为的春天。

我刚出门就失去了方向，便再去看了一遍那张通知，字字句句如揣摩晦涩的经典文学般读过了，也未得到关于活动地点的信息。我灵机一动，想随着人流走，却发现偌大一个城，人与人全都是隔着的，连三五成群都没有，更别说人流了。我的心猛地一提，热情和期待顿时泄去一半。

我如丧家之犬般在城市游荡，与这个沉闷的城市格格不入的、渺小但充斥我满心的爱与痛在惨白的路灯下无所遁形。我来到江边的广场，趴在临江的栏杆上，看大江对面的另一座城。那里也如我的城一样灯红酒绿，但还多了嬉笑怒骂，以及理性和情欲。

8点到了，什么也没发生，好似与平常相比，今夜于我只是个多了一阵晚风的夜晚。耳边除了风声便再无其他，脑海深处却接收到来自城市中心的召唤："请市民们做好准备，在接下来的两分钟内，组织将暂时开启你们所有的思维权限。请市民们在活动主持人的指引下符合规定地参与这个月的心理疏导活动。这次活动的时间上限为 6 小时，直到对目标人物取得胜利或剩余时间为零结束。若 6 小时后市民未取得胜利，组织将对目标人物强制取得胜利，消除危险。"

我回过神来，正纳闷这究竟是怎样一个活动，为什么我以为的心理沙龙会与军事行动如此类似时，对岸轮廓清晰的光逐渐模糊成颜料盘般的光斑。我的目光失焦，自己好像被强制对自己进行内窥，把目光从外扭转到内——我意识到这就是心理疏导活动的场所。

"尊敬的领导、亲爱的市民朋友们，大家晚上好。得益于热心市民的举报和组织的密切监管，我们于地铁一号线上抓获犯罪嫌疑人 G 并对其进行记忆读取和思想考核，结果证明嫌疑人 G 有超出正常波动范围的爱恨情绪。据此，以扰乱社会治安罪对其量刑定罪，并交由广大市民辅助执行。现在我宣布，本次心理疏导活动开幕式结束，活动正式开始！"接着便是震耳欲聋的掌声和欢呼，我想起了学生时代每次期末考试结束的下午，也是这般放肆的欢娱。

耳边是平静的晚风，听觉神经却因为这场狂欢的喧嚣不停震颤。与昨天的期待相别，我只感到分裂和荒芜。

我接收到了关于这个犯罪分子的视觉信号，竟是被我爱着的、着墨绿色长裙的那个女人。她原来叫 G。她被关在一间窄小得如电话亭一般的玻璃房里，手腕被捆束。她低头，沉默得有些无奈和叛逆。

我屏息，感觉到周围众人的蠢蠢欲动。

法槌一声令下，就像嘉年华开始时的第一发烟火，允许人们暂时的疯狂。众人被释放，像旧时赶贼的家犬被卸下了绳索直奔出去。

他们像猴子一样趴满了整个玻璃房，不给光留一丝缝隙。

他们把熊一样的蠢脸贴在玻璃房上 —— 前线的群众的脸在推搡中被压得扁平 —— 污言秽语和唾沫隔着透明的玻璃直喷向她。

他们是卑鄙的豺，嘴里流出的涎水是腐烂腥臭的尸血。

他们又有大象一样大的气力，手臂如象鼻一样将身边所有的器物卷起来砸向她，碎裂声热闹得仿佛烟火大会。

她是森林里剩下的唯二棵树中的一棵，此时被群众的怒火炙烤。我站在一旁，堪堪忍受这一出荒诞戏剧。麻木的众人曾经让我绝望，而现在狂热的众人让我感到恶心，晚风也吹不散整座城弥漫着的浓郁的、原始的腥臊味。我的血液不停上涌着供给大脑，胃里一阵翻滚，于是扶着栏杆猛地对着江干呕。

"这哪里是扰乱社会治安罪，这分明是思想罪！"

"而思想罪带来死亡。思想罪本身就是死亡。"他说。

身体的不适使信号的接收有些不稳定，对岸的另一座城和脑海中的行刑画面重叠在一起。我的之于众人而言是杀无赦的爱与恨以 G 为悲壮的背景，但除了给我招致祸患外无济于事。

"罪犯 G 是否自愿服刑，同意主动格式化思维？"机械化女声在一众动物的嘶鸣中尤为突兀，躁动的群众暂时悻悻然平静下来。

她抬头，环视围绕着她的动物群像，眼里流动着火，目光就是摄制慢镜头的摄影机："我不愿意。"

我看到众人嘴边挂着掺杂凌虐快感的邪笑，她拒绝的话语让他们眼里泛起饥饿的绿光。接着又是一场厮杀：狮虎豹先行，锋利的牙齿企图刺破她的喉管；接着狼豺犬粉墨登场，想碰碰运气捡些残羹剩饭，再饱饮一口尚未冷却的血；再是象，咬牙切齿连她的骨头都想踩碎；最后是从麻木回归懦弱本性的兔马羊，虽吃的是草也要践踏在她的骨髓上，再吐两口痰，彰显炫耀自己思想正确。那禁锢着她的易碎的玻璃竟是人的最高道德。

"罪犯 G 是否自愿服刑，同意主动格式化思维？"

"我……不愿意。"她气若游丝，仍坚持。

如此循环往复，天亮了。微凉的晨光扑灭地狱火，照在玻璃房上。她被强制胜利，被掏空了爱恨，只能永远沉睡；我只能给予永无回响的爱。

我曾期待共连理，但森林里只剩最后一棵树。

活动圆满结束，我脑海中的百鬼图散去，神经突突地痛。市民们完成心理疏导，被回收大部分思维权限，恢复了麻木不仁。我盯着广场上两条腿的畸形野兽，愤怒冷却，只余悲凉。

（四）To Be or Not to Be,
That's Not a Question to Me
（生存还是毁灭，于我不是一个问题）

"无爱无痛方可存活。"他说，"你还来得及回头。"

"你到底是谁？"

"我告诉你了，无爱无痛方可存活。"

"无爱无痛便是让我重新过回茹毛饮血的生活！我不愿意！从我的脑袋里滚出去！"

"你还没发现吗？在这座城里，生存和毁灭都是悖论。无爱无痛地生存意味着亲手杀死自己，用一具尸体过完百八十年的阳寿；而死亡，谁也不知道那究竟是一场重生，一场复活，还是彻底地从这个宇宙被消灭。从前人人高喊着'不自由，毋宁死！'，现在人人都不觉自己不自由，不觉自己被奴役，被物化。你觉得苏醒者自由吗？别搞笑了，看看你自己，连生死都无权选择！你以为你选择了，其实不过是打开了选项所对应的门而已，门后的路径、路径终点究竟是生是死，由得你抉择吗？"

"我……你究竟是谁？"我对着江水，朝着对岸向他发问。

"你想活下去吗？并非生存下去，是活下去？"他未理会我，用另一个问题塞回了我的疑问。

"我……想。你是能帮我的人吗？"

"看到对岸那座城了吗？那个被这里的人认为是地狱，是死后会去的地方。在这岸死亡，便会在对岸复活。跳下去，游过去，登岸便是解脱。"他说罢，我茫然地看着对岸，夜晚里五光十色的城在白日里朴素得有些不真实。

"她也在对岸吗？"

"她若想，便在。"

我转过身，背靠着栏杆，望向这个沉寂下来的城市，望向太阳升起的方向。原来太阳对这城都是嫌恶的，升起只为越过它照耀江的对岸、有人存在的地方。我看到 G 的尸体走在路上，朝我这个方向。她穿着淡蓝色的工作制服，我觉着还是墨绿色更配她。我想最后再看一次她的眼睛，看她眼睛里汹涌的憧憬和爱恨，看她跳动的心。我望进她失焦空洞的眼睛 —— 她燃尽了，火灭了，只剩下焦炭，眼眶还往外冒着烟。

我决心去太阳照耀的地方。

我轻巧地翻越栏杆，将半个身子都探向江面，江上的雾气直灌入我的肺，凉得气管生疼。无可留恋，再不犹豫，我把自己埋进了江面。我奋力地划着手臂蹬着腿，却敌不过江水湍急 —— 我很快没了力气。溺水的感觉和我猜测的一般，像胸膛在水中着了火一样，火灭了就失去知觉，不觉疼痛。仅剩的氧气被大脑本能地独占，供养数百亿个神经元和他。

我感觉到自己在沿着江流下沉，莫名笃定自己离自由的目的地不远了，于是便不再挣扎，憋着最后的气问他："能告诉我你是谁了吗？"

"我是划桨的人，也是你的独白。"

这便是我失去意识前的最后一个问题、最后一句话："那么……我是谁？"

"先前是将死未死之人，现在是渡者，未来是鲜活的生者。"

我心下明了。我是森林里的最后一棵树，选择砍伐自己造就挪亚方舟，除己之外无人须渡，无人可渡。

我曾经于存在中沉睡，决定在死亡中苏醒。

[本文获第一届香港中文大学（深圳）"摆渡人杯"卓越文采一等奖]

次 品

陈鹏宇　无锡市运河实验中学

（一）

这也许是最好的时代，但并不是属于我的时代。

事实上，在这个技术至上唯利是图的年代，我这样的文科博士生的地位还不如一名高级技工。

由于大部分人醉心于探索开发殖民星球以及生产更高级的机器，社会发展逐渐失调，文学、哲学等领域被人们所嫌弃，几乎无人甘愿涉足这些行业。随着殖民地的扩大，社会行政人才也逐渐稀缺，于是少数地区的简单政务开始由 AI 操办，实验后它们竟比人类执政效果好。原因是 AI 没有人类自私的劣根性，起草的措施方案也较为完善合理。此外，在其他行业，机器也在逐渐代替人类，失业率悄然攀升。

上大学的时候起，我就一直被其他系的同学鄙视，他们认为我这种文学工作者影响了生产力的发展速度，就是个注定被社会淘汰的废物，没有半点前途。我并非没想过学习其他技能，但成长到如今，我已如一块逐渐干燥的泥塑，要改变形状，就得冒着碎裂的风险。我是个爱安逸的人。自从失恋以来，我的情绪变得更加阴郁，整日颓废不堪，毕业后工作也没有着落。日子就像地板上的污渍，凝在一处不动。与理想相去甚远的现实让我难以坦然面对，甚至想过永远离开这个不尽如人意的世界。

终于，我意识到不能再继续这样消沉下去，自己内心还是渴望改变的，拥有那样的梦想的人不该是这样的自己。可看见满地空酒瓶等各种生活垃圾，家里乱糟糟的，我既懒得自己动手，又请不起人来打扫，于是决定去买一个保姆机器人。

商场里琳琅满目，各式新型智能机器人伴随着不菲的价格呈现在我眼帘。

"先生您好，我介绍一下。这边都是家用机器人，内置超能芯片，除了干家务之外，还具有与主人交流互动功能哦。"

说着她还在展示机器人的各种功能。

我有些发窘，目光落在了旁边一堆二手机器人身上。

最终我选定了一款八九成新、价格低廉的机器人，至于销售员说它是次品我倒没太在意，毕竟我的真实想法，或许只是想找个聊以解闷的工具。

尤其是它怼销售员的那句："与其他同类相比，我认为您更像次品。"这般高智商的机器人令我大跌眼镜，之前还从来没见过敢于与人类对抗的。想到销售员看到我的寒碜后爱理不理的样子，我觉得很大快人心。如此优秀的机器人竟被打成次品，真是社会的不幸、悲哀。

这种不鸣则已、一鸣惊人的生活态度，也有几分我的风格，实在是缘分。果然，回家的路上它与我很有默契地共同选择了沉默。

不过到家后我才发现，原来是它久置商场一隅无人管，电力不足了。

莫名，我感到有些兴奋，仿佛捡到了一个被时间抛弃的孩子，世界对待我俩的态度竟如出一辙。

（二）

给它充好电后，我迫不及待地想试试它的功能，于是决定先命令它把客厅打扫干净。话溜到嘴边时，才想起还不知道怎么称呼它。

它仿佛早已看穿我的心思，告诉我它的开发者将它命名为适俗，"少无适俗韵"的适俗。

我对一个机器人起这样奇怪的名字感到有些别扭，不过鉴于它优惠的价格，我没怎么在意这些细节。我把它重新命名为呦呦。我说这样好记，叫起来也顺口，当然没告诉它这是我曾经养过的一条狗的名字。

它停顿了几秒钟，仿佛在适应这个新名字。

"主人，我觉得这可以当作我的小名，大名叫鹿呦呦好了，'呦呦鹿鸣'的鹿。"

这下它再次刷新了我的三观，一个机器人居然都可以如此文艺，我有些自惭形秽了。

我认可了它为自己起的名字，开始指挥它干活。可没过多久我发现，这就是一人工智障。

它似乎很不情愿有人使唤它，将聪明才智统统用在如何偷奸耍滑、与我作对上。

不知多久没有如此劳累过了，我感到浑身的筋骨都在咔咔松动着。在花了几乎比自己打扫还要多出两倍的功夫后，我看着依旧不甚干净的地面，顿时气不打一处来："呦呦！把剩下的垃圾都清理掉。"

它竟过来抱住了我的腿。

"干什么？你想造反！"

"请不要妨碍我的工作。"

它的目光似乎流露出一丝狡黠，我瞪着它。终于它不再使劲搬走我的腿，只是原地不动，还"嘀嘀"叫了两声，像是嘲讽。

这时我才明白，它刚才在变相地骂我。

此刻我很气愤，在自己传统的理念当中，无论是我领养还是亲生的孩子乃至宠物或其他需要依附你存活下去的生物，都应该无条件服从于我，否则我就有驱逐和干掉他们的权力。

因为从小，父母就是这么教育我的。

商场售后部的人员理直气壮地拒绝了我的退货要求，并让我仔细看看购买时签的合同。

合同里有这么一条："商家可在条件允许的情况下免费提供机器人的修理服务。但概不支持退货。"后半句字体小得像苏打饼干上的孔。

我明白自己是遇上了无良奸商，只好自认倒霉，悻悻地走了。

说来也奇怪，自从有了鹿呦呦，我感到自己的人生开始慢慢发生改变。

它散漫、刻薄、自负，又聪明得过头，几乎具备一切人类的习性，但又保持了机器的理性。

和它斗嘴成了我生活的一部分，它怼人很有一套，但我也有我的撒手锏，当实在说不过的时候，我便卸掉它的电池。

只不过家务多半时候还是我在打扫，这个保姆实在名不符实，然而竟逐渐改掉了我懒惰的坏习惯。

听说过一个故事，在金枪鱼群中放入一条鲶鱼能提高它们的活性，我权且把这个道理用在了呦呦身上以自我安慰。

不过说真的，我依旧很看不惯这个好吃懒做又过于精明的家伙。用我父亲的话来说："养只狗都知道冲主人摇尾巴。"

（三）

买呦呦花了笔冤枉钱后，我的生活更加拮据，不得不向五斗米折腰，去网上求职。

强忍着摔掉平板电脑的冲动，我看着屏幕里跷着二郎腿的那个人，努力做出洗耳恭听的样子。

他满不在乎地提出一个个荒唐至极的要求：什么国际语十级啦，初级机械师资格证啦，三年工作经验啦，等等。

我沉默，并不是正在考虑评估这份工作的入职价值，因为自己肯定满足不了他的条件。只是屏幕另一头的背景音乐，冲淡了我对他的敌意。那让我想到从前的故乡，虽然现在已不存在这种说法。我不回答，想继续听下去。然而对方见我不理他，来了句："摆什么臭架子，搬砖都不如机器人，现如今谁会要你这种垃圾。这个编辑想干的人多得是。"语音未落他毫不犹豫地关闭了视频。呦呦在一旁斜着身子看我，总像在幸灾乐祸的样子。

我问它："刚才那首歌叫什么名字？"我知道像它这种级别的机器人短期内储存闻见的信息不成问题。

"嘀嘀！嘀！"它不肯回答我，似乎为有我这样的主人感到耻辱。

我很落寞。即使知道了歌名，我大概也没有钱去付它的版权费，这年头搞艺术的人没几个了，这也是少数暂时无法被机器替代的职业，那些人自然对此类经济来源很看重。

呦呦突然安静下来，它仿佛露出了歉疚的神情。

原以为毕业后能开启新的人生，不想命运实则是在和我开一个大大的玩笑，我转着圈儿，自认为走了很远，最后却一脚踢到曾经被绊过一跤的那块石头。

我望着窗外的蓝天白云发呆。呦呦不知何时来到了我的身边——它总这样，要么闹腾不休，要么无声无息，像只情绪化的猫。

"看什么呢？"

它和普通机器人的区别就在这儿，会主动与人攀谈，而不是死板地服从命令或你问我答。

"看云。"我有些无力，因为寂寞无聊赖。呦呦似乎很善于察觉到人敏感脆弱的情绪，我此刻也没之前那么讨厌它了。

"你觉得这片云像什么？"我指给它看。

"主人，我没你那么无聊。"呦呦极少见地缓了几秒才敷衍了我一句，仿佛这是个难题。

见它为难，我来了兴趣："不行，你必须说。随便什么。"

"像……棉花。"

我笑了，这时候的呦呦神似一名小学生。从前念书时，老师曾让我们背了一堆比喻等修辞手法的运用以增加考场作文的评分，我依稀记得其中白云对应的就是棉花。

"你不觉得那像头牛吗？"

呦呦茫然地看着我。

"看啊，这边是两个犄角，这一块是头，往下一点有三只牛蹄，还有一只可以想象到只是被身子遮住了。后面还有一条翘起来的牛尾巴。"我边说着边比画。

呦呦观察了半天还是不明所以。

最终它向我解释说，机器人与人类差距最大的地方就在于它们没有想象力与创造力，它们只会按照编程好的模式处事。例如若机器人存在于四个世纪前，它们最多只能把火车、轮船造得很精美，但永远发明不出飞艇、飞机、飞船等更先进的交通工具。这在于它们的程序里没有事先导入人能在天上飞这一理念，它们自己便永远不会创新。

呦呦还说，它其实已经算是很类似人类思维的机器人了，不然也举不出这样的例子。

它又说道，像我这样的文艺工作者其实是在未来很有发展前景的，因为我们的工作恰恰是只有人类能够胜任的，永远无法被机器夺走饭碗。

它安慰我，当下社会是在高速发展，但当物质生活极度丰裕后，人们会想起自己匮乏的精神财富的。

关于呦呦不时提出一些匪夷所思或过于前卫的超时代理论，我也渐渐习惯了，因此并不去反驳什么。

当晚，我一宿未眠，翻来覆去地想这个问题。现实将我们打磨成生活的机器，但机器永远无法取代人类的灵感，唯有灵感，才是社会不断进步的源泉。

或许，多年以来我都疲于仰头望天或俯视大地，却始终未能找到自己真正的位置。

（四）

这天，好不容易有点空闲的时间，我决定看完加缪的几部散文集。半个钟头后，突然发现一向喧闹的呦呦居然安安静静陪我读了半小时的书。

我合上书。"有何感想？"

"写的什么玩意。"

见我要过来抠下它的电池板，呦呦忙改口："其实，写得还有点意思。世界虽然荒诞不经，但我们却不能绝望颓丧，应当在荒诞中奋起反抗，在绝望中坚持真理与正义！"

我不知道这是它临时搜索的一些加缪书评，还以为真是它刚才的内心想法。

"方才一席话，与我不谋而合。"我恨不能把它当兄弟。

端起廉价红酒灌了两杯，我看见呦呦一脸馋样，把一瓶机油递给它，它给自己的关节处倒了一点。

"咱俩碰一个。"

呦呦看我像在看弱智。

它请求我将喝醉酒的感受传输到它的主机里，在科技日新月异的今天，这不是什么难事。

其实我也很好奇，机器人如果喝醉了是怎样的状态。很久以后我才知道，机脑和人脑的构造完全两样，绝不可能有"喝醉"的情况出现，我传入的对于它来说只是普通的电磁波而已。

它说："我并不是一个愤世嫉俗的人，我只是见过许多问题，有问题但不能光指出问题，有问题得改正。因为你说得再多，问题还在。但我还是要说，因为不说更不行。你无视问题，问题可不会无视你。""活着的意义就是好好活着，好好活着就能做有意义的事。"

听呦呦杂七杂八绕了一通也没把我绕明白它究竟要

表达什么，我只当是酒后胡言。

过了一会儿，它问我："你觉得我聪明吗？"

"还行吧。"

"我其实没有你想的那么聪明。"

"别嘚瑟了，我也没把你想象得有多聪明。"

呦呦难得没和我顶嘴，接着说："其实还有比我更聪明的机器人。"

那不是废话吗？

"当初我的程序员花了十几年时间，收集了大量人类处理问题时的思维和行为方式，编写了我们，可以说，我们是当今世上唯二像人类的 AI 机器，最终却由于无法做到绝对服从和所谓的道德端正，都被鉴定为'次品'，真是讽刺。"

我听出了它话语中的端倪："也就是说，他还造了一个像你这样的机器人咯？"

"更准确地说，是一个比我更接近人类的机器人。它身上集中了更多你们的缺点，比如贪婪、自私、专断，和可怕的各种欲望。当然，也更加聪明。"它还说那个机器人叫"适空"，听着总让我觉得像是和尚兄弟的法号。

我忙接着问："那它现在怎么样了？"

光是一个呦呦就把我整得够惨了，要是再来一个比它更厉害的，我有点不敢想了。

但呦呦有些无可奈何地摇摇头："虽然它在行政部门的检测中被定为不合格，但它很快想办法买通相关官员改了评价等级，还收拢了一些机器管理员作心腹，没多久又调到了Z星的另一个地区做辅政者，从此就杳无音信了。"

听了它的话，我竟惊出了一身冷汗，酒完全醒了。

（五）

转眼间，呦呦来我家已经有小半年了，千篇一律的家里蹲学院日常虽然因它的到来而有些色彩，可还是令我感到压抑。没有灵感，写出来的故事文笔越来越烂了。

渡

终于有一天，我决定外出旅游，目的地是离我们居住的 Z 星不远的一处小太空城，听说那里的水果长得既有特色又香甜可口。

旅程很短，只消乘坐 40 分钟左右的通道飞船即可到达。这种飞船在如今的交通地位就相当于旧世纪的有轨电车。其内部各种智能联网的设施倒是一应俱全，让旅客有在家的感觉。

拗不过呦呦，我只好带它同去。我乘坐的是一艘小型单人飞船，座位倒宽敞，既能当床睡，还有按摩功能。美中不足的是只有一张，呦呦只能站在一边了。

旅途过半，我对呦呦说："你坐这里吧，我站着。"

呦呦很是讶然地盯着我："你让我坐这里？"

"对啊，我都坐了，你为什么不能坐啊。"

呦呦踟蹰着，似乎还想再找个理由拒绝。我摆了摆手："我也坐累了，去瞭望台看看风景。"

船舷窗外，小半个 Z 星球收拢眼下，万家灯火点缀着河流山川，纵横八达的大小道路曲折蜿蜒层层叠叠，渐行渐远。

突然，飞船的移动变得缓慢起来，慢慢停下，就这么悬浮在太空之中。

我察觉到了异常，回头看向呦呦。

它竟镇定自若："飞船失灵了，马上请求工作人员组成救援队。"

我按下了飞船上的求救按钮，然而并没有什么反应，我试图人工操纵飞船，但大屏幕上仅显示网络异常。

在这个年代，没有网络的日子几乎是无法想象的。最终我只好通过手机拨号呼叫了救援。

我们就这么被困在了太空之中。

我心急如焚，作为一个在新世纪没怎么出过门的典型宅男，碰到这种极小概率事件是一点应对经验都没有的。

呦呦居然不声不响跑到了瞭望台上去："看样子这片空域没有什么太空垃圾和陨石，短期内我们是安全的。"

这时我听到一首歌，觉得耳熟却无法马上想起，它让我的心情宁静了不少。

"Lord, I'm five hundred miles away from home."（"主人，我现在离家 500 英里。"）

呦呦说："正在为主人播放《醉乡民谣》(*Inside Llewyn Davis*) 的《五百英里》(*Five Hundred Miles*)，希望您的心情能够平静，不要因为旅行中的一些小插曲而感到不愉快。同时请您待在位置上做好安全措施，不要随意走动，安心等待救援。"

我终于想起来了，这是那天我问它歌名而它又不肯说的那首歌。"原来你早就知道，却不告诉我！"我心里暗暗地说，但还是很宽慰。没想到这家伙竟自动充当了飞船上的 AI 空姐。

那首歌放完了许久没有动静，我想呦呦或许又在哪里发呆。它其实和我很像，经常会陷入无边际的沉思，有时又好像是触景伤怀的样子，虽然那可能仅仅是它在待机，但内心里我早已把它当成同类看待了。

时间是一条吞噬自己尾巴的蛇，我们身置其中，便不知何谓终始。

　　似乎过去了几个世纪，救援飞船终于来了，几个人进入我们的飞船，为首的那个大概是队长，他大手一挥，几个队员一拥而上，把我的座位团团包围。

　　我愣住了，可是看他们又不像有恶意。我四顾寻找呦呦，却并未发现它的身影，大概仍在瞭望台杵着。

　　"先生，你没事吧？"

　　"没事没事。不就是飞船出了点小问题嘛。"我装出轻松的样子，免得让人看出自己对世界的无知。

　　"事情没那么简单。今天 A 城——你此行的目的地发生智能机器人暴乱的恶性事件，并波及了所有通往此地的空间通道。"

　　"它们好像是集体中了一种代号叫'遁入空门'的超级病毒，听说竟然是个妄图消灭人类的 AI 搞出来的。这个是谣言，你们别信。"

　　"该病毒的危险在于，它会指使它们采取一切手段杀死身边的人类！在刚才那短短几小时里已经有上百人因此罹难了！"

"幸亏你这艘飞船半路突然断网，要不然你现在有可能已经被周围这些 AI……"

"队长，整个飞船的网络系统已经被人强行切断，手法很娴熟。"

我猛然间醒悟到了什么，手忙脚乱地解开身上的安全带。

"先生，你要干什么？"

"去瞭望台！"

等我赶到时，呦呦已经被几名全副武装的队员从头到脚检查过了一遍。

我看见它一手握着扳手，一手拿着空的机油瓶，头上的铁壳已经被撬开，露出两根抵死纠缠的电线，看样子是短路烧坏了，它的身下淌着一大摊机油，源头处——脑壳上的那条裂口还有些机油在不断往下滴。

"你们……"

"先生，我们可没有把它弄成这样。"几名队员忙不迭地自证清白。

　　我顿时有一种无以言表的难过，胸口仿佛堵着什么巨大的硬物。这家伙，怕自己烧不坏，把一整瓶机油全部倒进了主机。

　　想到自己之前拌嘴时曾经诅咒过它不得好死，没想到一语成谶，到死都脑子进水。

　　到现在我终于确信，这是一个超智能的机器人，它本体是机器但比人更重情义，但它永远无法被任何一类归属所接纳，它无奈地以异类的思维处于异类的世界里。我虽然孤独却永远无法体会它那样的孤独。就像我们无法埋怨自己的出生，它不明白为什么，又或者，可能它什么都明白。

　　而鹿呦呦此刻已用尽了一切手段来保全我那将近而立之年，仍碌碌无为的人生。我想，在它不长的寿命里，是否一直渴望做一件自己认为对的事情。

　　铺天盖地的悲伤如溃堤的洪水般向我涌来。

　　我蹲坐在地掩面哭泣。

救援队员们见我突然这样，只好归咎于是我死里逃生后的心有余悸。

我知道没有人会相信，有机器人能够具备干掉自己的能力，而且原因还是为了保护一个人类。正如它们不相信，这个病毒的研发者也是一个机器人，目的是消灭人类。

（六）

我带它回到当初购买它的商场。

导购小姐将它与电脑连线。

屏幕上出现一行字。

"没有对生活的绝望，就没有对生活的热爱。"

我突然很想哭，可导购小姐露出鄙夷的表情，我懒得去跟她解释加缪的热爱生活有什么深刻含义。

"完全没有修复的可能了吗？"

"修复不了了。"导购小姐摇摇头，"这不是普通的烧坏，主程序完全被病毒感染了，而且它的系统与普通机器人也有区别，会对我们的修复工作产生过敏排斥。"

"你们之前有遇到过这种情况吗？"我皱着眉头问道。

"没有，这还是第一次碰到。"她也疑惑不解道："它对外界好像十分的厌恶，似乎更接近于人类的抑郁症。"

我失去了一个嘴损且精通于败坏我的好心情的家伙，可是我并未因此变得快乐起来，我发了疯似的想念鹿呦呦式的损话和讥讽。

我还失去了一双能够看清生活真相的眼睛。

抱着一个据说是患了抑郁症而自杀的机器人，我颓坐在路边，掏出手机把事情经过简单描述一遍，并发誓再也不买智能机器人了，然后发送给朋友。

朋友说我大概因为一直不出门，在那次飞船事故中受刺激了，不必反应这么强烈。哪里有会像人一样思考的机器人，还想要消灭人类啥的，多半是我自己的臆想罢了，以后得少看点没用的小说。应该是我最近工作压力太大的缘故，要找个机会出去放松放松。他还说其实我就是独自一人待得太久，精神出了点毛病，有空得看看去。

天下熙熙，皆为利来，天下攘攘，皆为利往。人群永不停歇地追逐着工作业绩与信用额度，偶尔有人施舍与我一些不屑的目光，却吝啬脚下的匆匆步伐。他们仿佛在看一个不合格的次品。

我并不认同朋友的观点，因为所谓朋友是不存在的，那其实是我自己开的另一个小号，不存在的人说的话，哪有什么可信度呢？

这时手机里跳出一条新闻：Z星球某地太空城由于使用检测不合格的次品AI作为辅政者，导致该地区及其空间通道死伤近百人，目前星际联邦调查总局已介入进一步调查，该次品AI程序员或将获罪。

我继续跟进了解这条新闻，然而最终的结局令我大失所望：当地执政者被撤职，不少AI辅政者被解体回炉。至于发明它的那个程序员，听人说很久以前就出家了，由于他平时不爱与人交往，少言寡语，也无人能得知他的下落。这件事情就这么不了了之。

"鹿呦呦，新世纪一位伟大的文学家、哲学家、思想家、批判家，"写到这里，我停顿了一下，思考还有没有什么能补上去的头衔，搜肠刮肚终于无果，便继续输入："……的智能家用保姆机器人，它曾多次改变过主人的一生。"看了看它墓碑上的这段文字，我甚是满意。

其实所谓墓碑，不过是个常见的三维码罢了。

呦呦离开我已经有一段时间了，这段时间里我陆续在曾经拒绝过我求职的那家报社发表了几篇小说和论文，其中有一篇《关于现今教育体制改革等若干问题探讨》引起了不小的轰动，我也略得了些知名度。不久后我卖掉了房子，谢绝了出版社签约作者的工作，决定把 Z 星上所有的寺庙都走访一遍，钱花完了就写文赚稿费，攒够钱了就接着上路。当然啦，我没忘记带上呦呦那早已无法使用的芯片。

还记得它从前曾说过一句貌似很有哲理的话：这世界上有很多灰尘，但并不妨碍我们活得干净一些。

（七）

上天似乎有意要考验我，离我最近的寺庙在一座已成为著名旅游景点的高山上，我坚持在天未亮前便徒步前去，以表明自己的虔诚。

旭日初升，霞光万道，天地万物都臣服在圣洁之中。旅人们的眉目都被冲淡了些，干净而又清澈明亮。那一刻，我突然悟得了"适俗"的深意。

我闭上眼睛，耳边仿佛听到轰隆巨响。宇宙正在坍塌，晨露正在坠地，云缝间的光影闪烁跃动着，一切都将簇新飞散，分崩离析，复又万物归一。

后来我的余生中，尤爱登山与拜佛，每当看见云朵攒聚在身边时，我便从心底开始微笑，笑纹一直泛上了嘴角。那是鹿呦呦留给我的东西。

[本文获第一届香港中文大学（深圳）"摆渡人杯"卓越文采一等奖]

青鸟殷勤为探看

康宇诺 景德镇市昌河中学

第一场

【舞台一片漆黑，右侧打下一束独光。她站在光里。垂头。】

她：【独白】我近来常做一个梦。我梦见金色的河流。那条河上溢满灵感与痛苦的泡沫，飞鸟的羽毛飘荡在半空不肯坠落。梦中总有一个声音。那声音似男似女，以一种引诱的腔调，一遍一遍地要我接住一根正往下掉的羽毛。我把手伸到河的上空，我的皮肤完全裸露在冰凉里。当我触到那根羽毛我就知道它独属于我。它的每一丝纤维都割裂我的手掌，但我知道它独属于我。那一瞬间我明白，迟早有一天它会变得很大，大而狭长，和我的身体焊在一起。我用它作桨，就能渡过这条金色的河。

我一日日重复着这个梦，我一天比一天用力地攥那根羽毛。我的身体里有东西一点点长出来了。那是一棵树，没有黑白以外的颜色。所有的笔画构成它的躯干，所有的标点充当它的叶子。当我行走，当风从我的瞳孔进入四肢百骸，那棵树在呼吸。它越来越粗壮越来越茂盛，它盘虬卧龙它亭亭如盖。终于有一天我做了新的梦。我梦到那棵树。它说，砍倒我吧。用我斫琴，用我作舟，用我渡过那条金色的河……用你自己的身体渡过那条金色的河。

我站在那棵树下，天空被它遮蔽而显出一片墨色。我感到我心里藏了一只鼓翼的鸟，几乎要破开我的胸膛。

第二场

【金色长河缓慢流淌。她手上缠着纱布，握着一根洁白的羽毛，站在河边。】

【羽鸟上。】

她：你是谁？为什么要闯入我的梦境？

羽鸟：我本来就是这个梦的一部分。【走上前，向她伸出手】我叫羽鸟。你手里的羽毛来自我的翅膀。

她：【握住羽鸟的手】你的羽毛真漂亮，就像雪一样。你来是要把这根羽毛收回去吗？

羽鸟：你希望我收回吗？你的手似乎伤得很重。

她：（不好意思地）不，其实我想请你把它永远送给我……受伤只是因为我太喜欢它了。我把它攥得太紧了。

羽鸟：只要你还能抓住它，它就永远属于你。

她：我一定会继续攥着它的。我要怎么报答你？

羽鸟：这其实是我的报答。我一直栖息在你的树上。我应该感谢你给我栖息之地。

她：树？另一个梦中的树？我从没在那见过你……而且，我既不知道那棵树怎么来的，也不知道它要怎么长大。它简直是上天指缝里漏下来的一点恩赐，像你的羽毛那样。

羽鸟：它当然是恩赐。可你有没有想过它还代表了痛苦？拥有羽毛的人必须想方设法、忍受所有痛苦渡河。除非你丢掉羽毛 —— 丢掉它以后你就再也无法回到这里了。你只能在夹缝中下坠。

她：如果我一直在岸边观望，又或者我一辈子也无法渡过这条河，那我还能拥有这根羽毛吗？

羽鸟：它会跟你一起枯竭。

她：那，河到底是什么？为什么你和树都要我渡河？

羽鸟：你难道不清楚吗？你难道不想渡过这条河吗？

【她作沉思状。羽鸟将她推进河中。】

她：（痛苦地、声音渐弱）这不是河水！这不是河水！救命！

羽鸟：（厉声地）如果你丢掉羽毛，就永远也别想再来这里！

【她在河中翻滚挣扎，手中紧攥着羽毛。她痛苦地爬回岸上。羽鸟站在岸边看着她。她倒在地上，长裙湿透，奄奄一息。羽鸟跪坐在她身边。】

羽鸟：找到什么了吗，在那条河里？

她：（艰难地将羽毛举至羽鸟面前）它在河里……变成了金色。

【羽鸟将她拉起来。她摇晃着向河边走去。灯光一暗。河水声渐大。】

第三场

【她试探着踏入河水，又收回脚跪在河边。羽鸟站在她身后。】

她：我到底要怎么去握这根羽毛？我是如此软弱而丑陋。我怎么能继续站在河边？倒影里的我几乎不是一个正常的人！

羽鸟：难道创作一定要姿态的美丽吗？创作本身不是一种美丽吗？

她：（语气渐激动）我没有办法接受我自己。我没有办法再继续下去！你凭什么教化我？你从来都没感受过河水，你只会站在岸上看我越来越畸形！你教我浸在河里，你教我握紧羽毛，那究竟有什么用？它从来不会像你说的那样变宽变大，从来不会为我滤开河水！它只会不停扑腾，不停让我更狼狈！这就是你想要的吗？

羽鸟：看看你身体里那棵树！你难道感觉不到它越来越茂盛吗？这都是你竭力渡河的回报。它很快就会结出新的果实，结出斑斓的诗和故事！人原本没有颜色，因为有了诗才美丽！

她：那些知道怎么给自己摆渡的人才拥有诗。我不会摆渡，我只能在河里溺死！

羽鸟：怎么会！你的羽毛已经越来越坚韧了！最开始渡河的时候你就做得很好，你今后会越来越好的！

她：是你把我推进去的！你明知道河里是什么！

羽鸟：就算我不推你，你也会进去！你何必强加罪名于我，你早就明白怎么淬炼这根羽毛。

她：是，起初我还以为自己真有一点天赋，真能偷到神祇的宝物渡河。可还没等喜悦消散我就已经掘不出更多东西了。你教我再往前进，每往前一寸我就感到比以前烧心万倍的疼痛。可一寸有什么用，一寸能写出什么新东西来？我也想再往前，但是太痛了。我的脸给毁掉了，四肢也快给毁掉了，我不能再进去了，这条河根本就没有对岸。

羽鸟：你明明可以！你明明就是自己的摆渡人。那些被皮肤包裹的东西并不是真正的你，你完全不用在意！那些字才是真正的你，攥着我的羽毛、真正为我所爱的你。

她：纸上的我就是真正的我吗？那难道不是我的巧言令色吗？我不是只会巧言令色，只会把自己挤进文字的屏风后吗？一团赘肉，我身上所有东西都是一团赘肉！我怎么渡河，我有什么资格渡河？我有什么能力再在岸边幻想？

羽鸟：可你还攥着我的羽毛！如果你真有那么憎恶纸上的自己，为什么一直握着它不放？你是爱着它的。你是想要渡河的。就算你逃避用我的羽毛写字，你的脑袋也早就塞满了排列整齐的句子。

　　她：别说了！还给你！我再也不想写了！我再也不想渡河了！

　　【她扑向羽鸟，欲把羽毛塞到羽鸟手上。羽鸟试图捉住她的手。两人交缠。混乱中厮打起来。河上刮起大风。】

　　她：我不要再拿着它了！你不收下我就折断它！

　　羽鸟：你想想自己是怎么接过它的！我真收回来你会后悔的！

　　她：你凭什么觉得我会后悔？难道你以为靠着那棵树就能彻底了解我吗！

　　羽鸟：你根本不是真心想要放弃！你只是太痛了。痛难道不可以成为一种美吗？你心里已经承认痛也可以是美的了！

　　她：我不觉得！你看不到我满身满脸的伤疤吗，这是美吗？这是美吗！

　　羽鸟：这是美的！你的创作是美的！你是金色的，

你已经有了这条河的颜色！

她：根本不会有人这么觉得！我是最愚蠢最可笑的人，我现在才明白，什么创作什么美丽，都是我在解剖自己任人娱乐！而你，你只是想看一个人近乎自虐地去渡河，只是想要你栖息的地方更繁茂！

羽鸟：你怎么能这样说？我如此地爱你！我以你的文字为食，我以你的树为家，你是该写下去的人！你是能渡河的人！

她：这一切都不是我的初衷！我喂养你，我又得到了什么？我的躯壳已经空空荡荡！我早晚望着长河流泪，只因为那天我接住你的羽毛。你的羽毛是世界上最沉重的铁块，是最锋利的刀子！

羽鸟：可你敢否认你爱着我、爱着羽毛，甚至爱着这条河吗？你没有办法否认。笔者和她的笔有这世上最缠绵最坚韧的缘分！所有的硫酸腐蚀不了它，所有的刀斧斩断不了它，就连笔者自己也没有办法丢掉它！你也许憎恨我，可其实你憎恨的是你的血肉无法真正喂养我！

渡

【她呆坐，手抓着羽毛。两人头发散乱。羽鸟停下动作坐在她对面。】

羽鸟：你还想把羽毛还给我吗？

她：（沉默一会儿，哽咽地）……到底、到底要怎么才能再前进一寸……到底怎么才能把我自己渡过去……

羽鸟：（跪行至她身边，用翅膀盖住她的手）你是知道的，对吗？我和羽毛会永远跟你在一起。

第四场

【天空湛蓝，金色河流停止了流淌。羽鸟侧卧在舞台后方，羽翼收拢。音乐渐入。她的歌，《色彩》。】

她：（闭着眼）无色的空气透明的水沫飞扬

天河就流淌在远方

羽毛也散落赤金的鲜红的

看着我在高歌向着长河

【间奏。她开始沿着河边缓慢行走。】

让青的枝丫缠绕满幻想

在秋天坠弯我肩膀

洁白的翅膀覆盖掉冰凉

让我栖息在我身旁

眺望对岸的郁郁苍苍河的颜料迸溅在我身上

涂抹所有的呼吸心跳

我就在河中舞蹈在河中漂荡

第五场

【舞台左侧。她站在一束独光里。】

她：在河上我打捞到我的梦。我屏住呼吸潜进去。梦中我又见到了那棵树，它的枝干已像琉璃一样焕着光彩，所有的叶子都飒飒作响。我坐到那棵树下，想，人本来是透明的，因为在河的两岸行走，所以有了颜色。因为用不同的方式去渡不同的河，所以有了不同的颜色。很痛的时候人又变回透明的模样，但肚子里那些斑斓的文字还在飘飘荡荡的，让人散发一点璃彩，让羽尖上有一线光。

我从梦中出来，船漂得太远，我已看不见岸上的羽鸟了。这船太窄，只让一个人乘。没有人来渡我，我是自己的摆渡人。这世界于我而言原来是一条极宽阔的河，人就在长河里走。水从天上渗下来、从脚趾缝里舔上来，虽然潮湿，但是很暖。淹没我，让身体里的那些字溶解，变成眼泪，变成疤痕，变成烟烟缭缭的喜欢。或许在河里我也能掘出一点不会坏掉的东西，迸出一点点光，好让有一天我渡到对岸时也能有几个人看见，看见从前有个人用一根羽毛去渡一条金色的河。

[本文获第一届香港中文大学（深圳）"摆渡人杯"卓越文采一等奖]

摆渡人

祝一丹　绍兴市第一中学

在那些雾失楼台、月迷津渡的时光里，她自彼岸荡桨而来，将我们渡到彼岸去。我们围到她身畔，然后知道在彼处有一个明媚的春天。

还有什么比一身花香更能说明人间春色呢?

犹记得第一次听她说自己的年纪，打心底觉得不真实，毕竟从时间之外的任何一个视角看去，她都是"年轻"一词最无缺憾的诠释。

她立在那里，便是夏荷一枝，不经意的一行一止里都是江南的烟雨。一双很生动的眼睛总是莹莹地亮着，像初长成的少女盈满活泼泼的诗情，哪怕眼角蓄的细纹，也像玉兰花瓣上细腻的脉络。

大概她是一处太令人流连忘返的景色，连光阴的湍流也在她身畔打起旋儿了。

然而全然可以独立于光阴的她，对自己的年纪丝毫不避讳。不过这大概也没什么可意外，毕竟像她这样温柔的人，对生活的任何试探都是不带锋芒地微笑着。

有一次她敛了容，说自己要"认真地变老"。我看着她，便意识到这句话的重点不是"变老"而是"认真"。只要认真活在当下，便总是三月春花渐次醒转，年华迢迢无人老去。她将永远是此时此刻的她，我们也可以永远是此时此刻的我们。

这样想着，阳光也像骤然明朗几分，把目力能及的时光都注满了干干净净的热情与欢喜。案上的纸笔，也被映照得清晰。我决定与生命的每个时段握手言欢：既是十五六岁，便不装作不懂得十五六岁的意味；既有书卷塞在手里，便稳稳地执了向光亮处诵去。晨曦里暮色里的每一句"诗酒趁年华"，都是告诉自己诗不忘酒不罄年华便不凋，此刻积淀的每一缕青春气息，都可以并且将会伏脉千里。

她就这样将我们摆渡到岁月深处去。我知道今日携着笑音的桨声，会长久地起落在每一个春天里。

她有时会不无骄傲地炫耀，说我们某某老师当年也是她的学生呢。这不假，学校里有许多老师是在她眼里长成的，比如我们的班主任。

"你们 X 老师年轻的时候很受同学喜欢的，男同学踢球看到她就踢得特别卖力。真的。"

"她从楼下走过，二楼的同学都趴在栏杆上喊 X 老师，等到她抬头看了又藏到栏杆下面。真的，就是这样的。"

往日不苟言笑的班主任每次提到她就忍不住地笑，笑得朴实又恳切，唯恐听众不相信的模样。而坐在底下的大家辛苦地憋笑又憋不住，心想现在又何尝不是这样呢，现在的我们也很喜欢她啊。这一瞬间教室里所有人仿佛变成没有隔膜的"我们"，"我们"遇见同一个喜欢的人，度过同一段欢喜的青春，一起因为太喜欢太欢喜而不得不笑出来。

大概在由她摆渡的时空里，每个人都少年多语笑。

就是常说自己是"一个理科生"不懂享受生活的班主任，也从未被生活炼得油腻，学吉他踢足球，他分明活得生机盎然的样子。朋友圈的照片里，他与队友站在球场的领奖台上挥舞着手，目光炯炯有着横冲直撞的激情与锐气，烧着青春的大火。

与她相处久了渐渐发现，这世界之所以能浸润出一个花样的她，是因为她愿意用温柔的目光浸润世界的琐碎细节。

她喜欢"家人闲坐，灯火可亲"；她喜欢有声有色的人间烟火。不仅喜欢，还在这烟火蒸腾里点起一支袅袅的香，于是烟火更加温存而且多出一些优美来。

假期里她建一个阅读群，在群里分享各样的好文字，也分享各样的生活掠影。阅读到底不仅仅是读书，每一阵微酡的晚风都是好诗好故事。她拍一枝正慢慢膨胀的玉兰，或者一炉正慢慢膨胀的蛋糕。她为我们辨别玫瑰和月季，和我们分享喜欢的歌曲。独自去学校开网课时，她拍下几张教学楼下的樱花，于是在我们眼里，久别的学校开成一树深深浅浅的粉云。

她用她的目光渡我们去，渡到哪里，哪里就是活色生香的美丽。

于是曾以为生活有着灰暗真相的我，也发觉一草一木里埋藏了缤纷的笔触，发觉未经矫饰未经过滤的日子也时时处处可以动心。夜坐可以听风，昼眠可以听雨，上着网课也有鸟儿在背景声里啼鸣。冬天望着窗外堆挤起来的云，也能痴想出团团簇簇的花朵涌到自己怀里。

所谓"大隐隐于市"，并不需要多么潇洒超脱、多么深沉冷峻，偶尔于熙熙而来攘攘而往中渡到江心，唤起一天明月，亦不失为一种通透的诠释。这是她教给我们的道理。

某一次她半开玩笑半认真地问我们："你们说晚上没

有星星，你们晚上到底看星星吗？"我们急着说看啊看啊。但在那之后，天空变成了我们更加在意的天空。这几乎是对天空的重新发现，以及对生活的重新发现——原来生活总是充满惊喜，因为我们行走在时刻演绎着惊喜的穹顶之下。

还记得第一次在下晚自修后仰望天空的心情：晚上9点半远离市中心的校园里，夜空清澈得透明，像一张疏疏的网，过滤掉所有笨拙的喧嚣与忧虑。颈椎上肩胛上那些沉重的东西倏地变轻了，变轻然后轻轻地落下，落下一地原来是生活的霜。她吟过的属于夜晚的诗，在清风朗月中声渐抑扬，自我融成疏雨滴落梧桐，融成流萤渡向高阁，融成月华流向墨色的屋瓦——融成河里微小但自由的一滴，在这浮着星星月亮的、她与我们泛舟其上的夜色的河里。

从此有心爱良夜，明月再不下心楼。

照彻大千清似水的，亦曾照彻你我如微尘。

不仅仅是夜空，她让我们真正地感受到了夜晚。

夜晚应该属于思考和想象。

假期的无数个深夜，她在阅读群里点亮炉火，火光摇曳向着文字和思想。于是夜幕有了丰蕴的层次。于是每一寸光影皆可涵泳。

还记得第一场"围炉夜话"是她请我们看了《美丽人生》之后。在她的提议下我们开始温习这部电影，凝望不曾关注过的历史罅隙。往日电影散场后无端的落寞、无处安放的遐想，终于找到流向而不至于淤积为死水；深深浅浅的思考里，我们感觉到一种别样的热闹。这种热闹不是声浪嘈嘈的片刻狂欢而是细水长流的暖意，在这种热闹中，孤独才真正地遁去。

思绪漫游于灯下，像投入水中的一粒钠，画出蜿蜒亮线将夜色编织成锦。这条亮线闪闪烁烁不断延长，连缀很多个沉入幻梦深处的夜。在那些夜里，灵魂的负重被一丝一缕地抽离，我们栖息的桌子飘向麦地，我们安坐的灯火涌向繁星。

她让我们明白，知识不是手段而是目的。

只有以清风朗月为向往，才会有信念颠簸于沧浪。

是的，她希望她船上的客人都能安安稳稳地渡去，但她并不把客人缚在船上。

她曾经说，自己骨子里是悲观的，从不奢望以一己之力改变我们未来的走向。她为我们做的一切是由于教师的责任，责任尽了，要向哪里去便向那里去。

在某种程度上确是这样：被主人荒废的田亩她不会代为耕耘，痛心疾首的批评与倾尽心力的劝导在她身上是看不到的。我们习惯与她相处的方式，总是她笑着或我们笑着或我们心照不宣地一起笑着。锐利和蛮力从来都是被排斥的。若蒙踏雪而来，她必扫花以待；若无访诣之意，亦不空蓄盛情。

她知道怎样成就一段快意旅程。客人的心和摆渡人的心都轻轻松松活泼泼的，才能无所羁绊地逐东山明月去。

不过，我眼里的她更是"眼极冷而心肠极热"啊。

就像她一面总是说着"你们的草都要干死了",一面总是为那些枯黄的绿萝浇水——当她说着"责任",这个词里有很多情。这些情让责任不断延伸,延伸到能够包容我们所有撒野步伐的地方。

她为我们选的写作本子,封面是北冥的鲲鹏。她说这有寓意,希望我们懂得。

她告诉倔强的少年她会转身就走,但一步回首二步回首。总是不忍心说"堕河而死,将奈公何",总是掉转船头告诉溺水的人,我有渡船。

既已萍水相逢,便要在别离前一同阅尽了彼岸风景才好。

直须看尽洛城花,始共春风容易别。

在那些雾失楼台、月迷津渡的时光里,她自彼岸荡桨而来,将我们渡到彼岸去。

我们的彼岸,也是她的彼岸。

[本文获第一届香港中文大学(深圳)"摆渡人杯"卓越文采二等奖]

摆渡人之歌

李子妤　深圳市南山外国语学校（集团）高级中学

迷茫的幽魂又来了

来到阿刻戎河岸边

他们在河的这一头徘徊

徘徊在死与生的边界

久等了

我亲爱的客人

吐出舌下的金币

我便是你们的摆渡人

客人啊，别哭啦

反正来时的路已消逝于浓雾

好啦，好啦，往前看看吧

看那片水的尽头

那里盛开着永不凋零的长春花

那里坐落着死神最宏伟的圣殿

那里有你们曾以为失去的所有

唯独没有尘世间的痛苦与不公

如果你们的诗人说

生命是座华美的囚笼

那么，河那头有出笼的夜莺

正欢乐歌唱于花丛

客人啊，别哭啦

悄悄告诉你们啊

河那头有人间看不到的壮丽星群

每颗星辰都仿佛女皇耳边的珍珠

当它们缓缓旋转时，会在深邃的黑色天空中留下闪

烁的尾巴

　　河那头有占据半边天空的银色月亮

　　沁凉似水的月光

　　能将一切照得犹如人间的白昼般透亮

　　河那头有生长在嶙峋怪石组成的断崖上的、张牙舞

爪的黑色巨树

　　手持烈焰长鞭、长着破损蝠翼的复仇女神在其间出没

　　河那头有名为勒特的遗忘之河

　　涓涓细流披着乳白色的温柔外衣

　　邀请想前往来世的灵魂将其饮用

　　河那头有邱里普勒格顿

　　愤怒的火焰之河奔腾着，咆哮着

　　自千丈悬崖倾泻而下，灼烧出焦黑的河道

　　河那头有千千万万的银花

　　于梦境接壤处绽放，在黑暗中发出柔光

　　那缥缈的雾气自花蕊中升起，氤氲了幽香

摆渡人之歌

河那头，遍地铺陈的是

地底世界的所有财富

紫水晶像大地吞没夕阳前最后的晚霞

红玛瑙像兑了少许水的葡萄美酒

绿翡翠像正午烈阳穿过的剔透树叶

钻石则像星辰般散落随意

有许许多多美玉

有的像白鸽的眼睛般粉红

有的像猛虎的眼睛般金黄

每一块猫眼石都像个暗无天日的深海世界

里面时不时燃烧起冰冷的火焰

每一块蓝宝石都像勿忘我花般的人间晴空

里面有碧蓝的海水，正在轻缓流淌

我保证啊，你们还能看到什么是真正的永恒不朽

　跨过四条大河，转过七座荒山，最雄伟的神迹便会

展现在眼前

渡

皎洁的月光下

耸立着山一般高的壮丽神殿

它是那么威严

却又在光影交错的平面上无比柔和

黑曜石的坚硬墙面覆盖着错综复杂的纹饰，镂刻精

美的浮雕

夜影下供人仰望的高塔，缀着火炬浮动的微光

塔楼下半沉着美丽的花园

有覆盖着忍冬花藤的小亭，晶莹的喷泉坠下繁星万千

宫殿里铺着厚厚的水晶砖

上有祭司舞蹈，下有游鱼嬉戏

大理石回廊覆盖上了锦绣长毯

白色露台上可以眺望蜿蜒的冥河消失在天际

期待吗，我的客人？

当我们到达对岸时，你们就看见那样的奇景

在这之前

坐在右舷的客人不要东张西望

"可我看到，很多东西

正在黑色河水中沉浮

有缺损的小熊，破旧的娃娃

有撕碎的文凭，枯萎的胸花

为什么仅仅只是看见

我早已不再跳动的心脏

也会抽搐？

为什么我……会这么想哭？"

……客人啊，别看了

这是摆渡人的忠告

河水里是人们从生到死遗弃的梦

不要直视它，当心深渊把你吞掉

你们还在听吗？

渡

很好，很好，不要乱动

有首歌我琢磨了好久好久

我想唱给自己一首摆渡人的歌

虽然只能回响在混浊黯淡的忘川上

但仅仅听见就使我心欢乐

我和你们不同

不知起始也不知归宿

我在烟波浩渺的冥河间彷徨

彷徨在虚无的漫漫长夜中

我护送着一批又一批客人

前往自己踏不上的对岸

我孤单地为自己唱歌

唱着只有我和客人能听见的歌

我也想问我为什么而生

答案是我是天生的摆渡人

摆渡人之歌

永不停歇地摇着桨，载你们前往

一次次提醒你们，直视深渊的下场

划开最黏稠的水面，避开最危险的旋涡

从这头载起满船的恸哭，从水边拉开痴迷的魂魄

将你们送往彼岸是我的使命

纵使千年也无悔

毕竟只要一刻没了我

成群的灵魂便无法渡河

必须有谁担下这职责

如果是这样的话，我很高兴是我

至少我可以看见你们快要到岸时惊叹的模样

我可以听见你们踏上那片土地时喜极的抽泣

我可以想象你们奔向久违的亲人朋友的快乐

我可以待在船上，听着你们的喧嚣渐渐远去

感受着你们的快乐渐渐化成我的

渡

然后，我撑开船，独自返航

划到河中央时，我会放开嗓子唱一首歌

唱一首摆渡人的歌

那时茫茫的河中只有我一人

我可以边划船，边想象你们会怎样

想象着

你们描绘给我的人间图画

晨曦洒向山谷清早的金色朝雾

远远有连绵起伏的草场与湖泊

灿烂的阳光砸碎了精巧的林荫

茂密松林将群山裹进一派森绿

鸟儿在疏疏朗朗的枝丫间歌唱

小鹿在碧绿的灌丛里反复横跳

白绒绒的蒲公英被风轻轻捎起

迎着美好光辉飞向耀眼的太阳

摆渡人之歌

我可以微微闭上眼

做一个很短很短的梦

有那么一刻

人间能向我敞开大门，彼岸也欢迎我的到来

然后我醒了

我很满足

啊呀，不知不觉便到了

来吧，亲爱的客人，小心脚下

再见，再见

我要去迎接下一批客人啦

再见，再见

祝你们在这儿能幸福安康

冲我笑笑吧

这样我也能体会到你们的快乐了

真想告诉你们

多么荣幸啊，我成了你们的摆渡人

渡

最后一个请求

到了美好的那边，可以不要忘了我吗

请不要忘了

有一个摆渡人，唱了首歌啊

[本文获第一届香港中文大学(深圳)"摆渡人杯"卓越文采二等奖]

渡过四季的长柄勺

黄艺畅 杭州学军中学

大家都叫她婆婆 —— 尽管那时她或许六十未满。

家门前桥与路相接的地方不知何时被人偷去了几块砖，形成的凹槽成了她固定的摊位。她只是个小贩，没有坐处，甚至没有一个棚能防晒遮雨。

母亲总说路边的吃食不干净，只有祖母接我回家时，我才能偷摸到桥边买一些。

夏季的午后，我一路小跑回家，中途在她的摊前驻足，团团洋槐花张扬地挤满枝丫，滤白了毒辣的日光。绿叶间错落系着的蓝飘带，叫人老远见着就耐不住喜吃的步伐。婆婆捏着白纱布掀开木桶盖，晶莹剔透的冰凉粉整齐地排着，她抄起一柄长铁勺，贴着木桶边缘捞下，几小块凉粉乖顺地趴在了勺内，重复三五次，透明的塑料小碗里就装满了凉粉。配套的塑料小勺伸进蜜罐，盛出满满一勺蜜，迅速浇在凉粉上，凉粉瞬间染上了一层光泽。我从兜里掏出五块钱给她，然后伸手端走那碗混杂着槐花香的冰凉粉，似乎夏天的燥热也减少了几分。

在冬天，婆婆的小摊就变得格外显眼。浓郁而温热的糯米香气弥漫在空中，她把木桶盖掀开一条缝的瞬间，由粒粒晶莹饱满的糯米团成的小球就映入眼帘。长筷伸进桶中，她一下能夹出四五个。团子被长筷夹出的细长痕迹慢慢消失，又成了白白胖胖的。婆婆用筷子尖戳着胖团在红糖芝麻中滚一圈，糍粑就换上了红衣，与那待嫁的新姑娘有几分相似。

婆婆摊上的吃食就只有夏天的冰凉粉和冬天的糯米糍粑，几年都未曾变过。等我再大些，不由得觉得可惜。一个微风阵阵的午后，去买冰凉粉的我向她建议："婆婆，为什么您不做一些其他的吃食呢？哪怕再多一样也好啊！"婆婆慌忙摆手："那不行的，不行的。"婆婆说话向来慢悠悠的，急切了竟险些呛到。她缓了缓，接着说："一次性哪能做两个，做一个就顶多喽。"她回着我话，布满褶子的手却没有停下捞凉粉的动作，"婆婆笨，一次只做一件事才能把那事做好，比不得你们小孩！"婆婆说这话时笑盈盈地，我却愣住了。她的话说得有些颠倒，发音也有些含糊，但我理解了她的意思。

小心接过凉粉，揣着婆婆的话，不由得放慢了回家的步伐。外面的小吃五花八门，可我唯独年年吃着、年年念着婆婆的凉粉和团子。吸引我这挑嘴的小吃货和那么多的回头客的，不正是婆婆做得精细、地道的小吃吗？婆婆连舀食的小勺勺柄都用心加以蓝飘带装饰，增加美观和舒适。行走间，我心中不免已认同了一次只做一样吃食的婆婆。

想来，婆婆亦是穿过岁月、走过青涩的，她是否曾经像我一样为自己的"多面性"而沾沾自喜？而最终她只选择了一件事，并将其做到极致。"比不得"，是对年少求知的怀念；"只做一件事"，是历经岁月沉淀后的笃定。

思及此，我不禁驻足，手中的凉粉块块晶莹，被斜阳透过，风来的时候，颤颤悠悠，以夕阳为藤，将婆婆那专注的态度荡入我心底。

太阳割切四季，四季割切婆婆的生活，而婆婆就这样站在她的小摊前认真地割切着那凉粉或糯米团，日复一日，年复一年。

自那以后，每当我不能专心致志做一件事情时，脑海里总会浮现婆婆认真捞凉粉的场景，看似不经心，却专注得像时间定了格。能沉潜下来，一心把一件事做好，才可能将每一件事做好。专注，或许是这个时代稀缺而又珍贵的能力。对于那十分自然地与我说"一次只做一件事才能把那事做好"的婆婆而言，这样的言语只是她处事态度的自然呈现，是点滴润泽于生活的一部分。从婆婆手中递过来的，不仅是一碗剔透的凉粉，也是她终其一生的执着与专注。

婆婆渡我到温暖的心灵境地，将我的灵魂渡至清明的高度。即使离开家乡，每年槐花开的时候，白纷纷馥郁郁如雪似霰的花瓣总让我想起婆婆，那个把认真的态度视为理所应当，且暗暗坚持的婆婆。

年前，我再次回到婆婆的小摊前，枝干上簇拥着的蓝飘带如蝶儿般在冬日的暖阳下飞舞。她已经快七十，如今倒是真正的婆婆了。在她用不如以前利索的手夹起糯米团子时，我似不经意般问她："婆婆，您觉得会有人用一句话就使别人的生活态度改变吗？"婆婆依旧慈爱地笑着："那肯定是很厉害的大人物！"我也冲她笑了："不是哦，婆婆，这是普通人也能做到的事。"我一边说着，一边将用完的勺子上的丝带解下，亦如其他食客一般，系到头顶的枝丫上。

她，渡人清明而不自知。

[本文获第一届香港中文大学(深圳)"摆渡人杯"卓越文采二等奖]

第二届

狸　花

　　花背，白肚皮，滑溜的皮毛，亮晶晶黄吊梢眼谨慎地环顾四周。

　　一只狸花猫从我脚边蹿过。

（一）红　绳

　　我喜欢猫，大猫小猫品种猫流浪猫田园猫都喜欢；我还是个怀旧的人，旧书旧首饰旧明信片堆满了房间。如果不是我喜欢猫并且怀旧，我也不会再见那只系红绳的狸花猫。

　　狸花猫大多是中华田园猫，也就是我们常说的野猫、土猫。我要说的狸花猫是我小时候，院子里的房东爷爷花五十块钱从集市上买来的，看我尤其喜欢硬要送给我。那只狸花猫半大，青灰花背白肚皮，四只雪白的山竹爪，清亮明黄色瞳仁，翘起的尾尖像竖着骄傲的小旗。它脊背弓起，死死盯着我的一举一动，奶声奶气地咪咪叫着恐吓我。这猫完全是野的，除了它脖子上的红绳子，和叮叮作响的小铃铛。我看这红绳不舒服，便要去解，它显然不满被抓起来，拼命挣扎终于逃出我的怀抱，头也不回地向前蹿，奔向无拘无束也无依无靠的自由。

自那之后我便再也没见过那红绳狸花猫，只偶尔在瓦房的屋顶瞥见一或两只狸花轻捷灵巧的步伐，无声无息。

（二）给　食

"猫很凶""猫要抓人""猫是喂不熟的"，我的长辈——我爸，我爷爷，我奶奶，都不大喜欢猫，都这么跟我说。

有野猫来家里奶奶是要赶的，而我不会，我还会把自己碗里的肉丢给它。奶奶为此斥责过我，我嘴巴上答应着，却还是悄悄地挑出碗里的鸡块或排骨，顺着桌子推到地下。可是它不吃，它只是皱着鼻头嗅嗅便移开脑袋。它每次来我都喂，但是每一次它都不吃。我一直好奇这会不会就是那只红绳狸花猫，但马上又否认了——那只猫怎么能自己解开红绳呢？那只猫怎么会出现在人的家里呢？

不过这只狸花猫一点也不凶，也不会抓人。有时下午阳光暖暖的，它蹲在门口的破椅子上眯眼晒太阳，我便坐在它旁边，一遍遍抚它的背，又抱起它放在自己的膝头，听着它和老人念佛一样的呼噜声。

（三）笼　内

我还站在笼内看外面，猫还站在笼外看人。

像布偶猫这样名贵的网红猫流行起来是这几年的事，

狸 花

我离开那个小院子去城镇上学也是这几年的事。

我见过宠物店里的英短，见人亲亲热热，细声细气；也见过猫舍里的银渐层和金渐层，甜美可人。但它们无一例外，都被关在铁笼子里，都从笼缝里伸出爪子去抓那来往顾客伸进来的逗猫棒。

那是宠物猫，可爱，亲人，作为人类的伴侣被喂养和优待。但总有一层铁笼子隔着它们和外面的世界。

这笼子就是猫的乌托邦吧，我想。笼子隔绝着寒冷、饥饿、疾病与驱逐；关上笼门，它们的世界里就只有暖暖的小窝、随时加满的猫粮。因为它们是家猫，宠物猫，品种猫，在猫笼里出生最后也在猫笼死去——眯着眼，享受人的款待和爱抚。

有一次我下楼运动，无意间看到被关在玻璃门内的一笼小猫。它们长着和野猫不一样的长毛、蓝眼睛，看到我蹲下身来都趴在笼口不停地咪呜咪呜。我想把它们救出去，但伸手逗了逗那一窝小猫后，我也只能无可奈何地回去了。和父母说起来，他们告诉我，那是那家杂货店店主养的猫和野猫跑了之后生下来的串串，那店主舍不得养猫买猫的钱，正准备抽时间把那些串串装成品种猫卖了，只因为是野种就不值钱了啊——突然间，那个问题第一次跳入我的脑海——明明都是猫，为什么要刻意区分品种呢？而品种，品种不就是猫笼的副产物吗？——所以，猫笼，猫的乌托邦，是真的吗？还是说，那只是人认为的？

我睁开双眼，我看见原本属于我的手指努力穿过笼缝，以伸到我的面前。

同伴喵喵的声音，在我的耳朵里变成话语。

"人类真是可怜，天天在笼子里看我们。而且他们用着自己做的笼子，还不觉得自己在笼子里。"

我在猫笼里，我身旁的猫咪慢悠悠地舔着毛，聊天似的向我搭话。

"人类……人类做了什么笼子来束缚自己？"我问，嘴里是喵喵的猫话。

猫咪停下梳毛的动作。

"这个猫笼子就是。他们把这个笼子造出来根本不是用来关猫的，是关住他们自己的……"猫突然凑近，我下意识地退后，它似乎笑了，冲我眨了眨眼，"好像说多了，你也该回去啦，你是人类吧？"

…………

我再睁开双眼，那猫儿还在猫笼里，我还是站在笼外看它。

我还站在笼内看外面。

猫还站在笼外看人。

我一直认为这些名贵猫儿不一样，它们是在笼子里被选出来的。它们和那系红绳的狸花猫不一样，狸花猫挂着红绳也能蹿出院子去野一生。也和那温和的胖狸不一样，它们毕竟只在笼子里，只在房间里，只会四爪不沾阳春水地走完一生。

（四）看 见

至今，我看到的都是什么呢？

我看见狸花猫矫健地飞跃过房檐，我看见同院里的孩童趁风放纸鸢，我看见胖狸卧在躺椅上晒太阳，我看见我的面前处处是难以跻身的路；我看见被人圈养隔离起来的品种猫，我看见猫咪，没有种界的猫咪们；我看见四分五裂，我看见铁笼——

我看见千丝万缕，藕断丝连。

我还看见仿佛可以被打穿的，一隅蓝天。

（五）溯 回

我喜欢猫，喜欢了很长很长时间，我念旧，所以会重回曾住的院子，若不是我爱猫，我念旧，我也不会时隔那么久再见狸花猫。

野猫的平均寿命只有五六年——我蓦然想到。我离

狸　花

开这个小院子都有四五年了，那只狸花猫还会活着吗？不过，就算活着，我能有幸再见从小自由自在的它吗？

我站在那里，我寻找着。

然后猫们都出现在了我的面前，憨态可掬的胖橘，清秀的三花，目光炯炯的白猫和黑猫，长毛的，短毛的，纯血统的，野的，它们都在。

猫说，我们在世界各地生长繁衍，所以有了不同的相貌，但我们彼此通婚、自由交配，从来不管后代有怎样的花色，更不管它们名贵与否。我们有相同的疾病，猫瘟、猫传腹、细小病毒都很容易夺走我们的生命，但我们从来不会因为哪只猫带了什么病菌病毒便排斥它们的种类。我们荡荡悠悠地过一辈子，从不想自己寿命有限，所以我们过得自在潇洒。

品种猫也是猫。

品种猫是人类一代代地干预下，终于被"隔离"的猫，终于被划分在不同的笼子里的猫。以笼为界，每个笼子都是小小的纯种猫国，但猫国和猫国之间非仇非敌，我们是且仅是猫，也都是兄弟姐妹，笼子制约了我们的身子和相貌，但所有的猫都不会守着以笼为界。

当猫们聚在一起梳理毛发时，笼子便不曾存在。

而人，一直把自己关在了猫笼的外面，还被束缚在国界——实际上并不该存在的边界之内。笼界不是猫定的，国界也不是公民定的，种族从来不会认笼界，疾病和基因也从来不会认国界。决定这一切的大自然看着你们这些毛色不同的动物相争是多么可笑啊，再跳到渺茫无垠的星星里面——人自作多情在地球这单一的星球上划定界限到底有什么意义呢？所以啊，还不如学学猫咪，从来不让所谓的笼把自己的心智禁锢在外界的束缚中——明明每个人都可以置身笼外看世界，明明每个人都能跳出束缚，明明，人本来就是自由的。

所以，人不就是在自讨无聊吗？猫笑着说，猫们笑着说，我面前的所有猫儿，不同花色不同品种的猫，这么说。

（六）笼 外

狸花猫曾经跑过的屋檐上长了很多杂草，这儿废弃了。我从屋前缓缓踱到那儿；仰头望着屋脊延伸又消失。

也真是那墙角，我注意到时——花脊背，白肚皮，滑溜溜的皮毛和山竹爪，狸花猫晶亮的吊梢眼正盯着我。它眼中有光，还像镜子一样明亮，可以映照我，还可以映照世界。

那只狸花猫从墙根处蹿出来，飞也似的跑过我的身边，尾巴高举，像举着骄傲的小旗。

它拐过墙角，轻盈地跳上房檐，没有看我一眼。

它奔向的一定是自由的世界。

我恍惚地目送它远去。我忘记去看它的脖子上是否有红绳——有也罢，无也罢，那都不重要了。

有无红绳，狸花猫都是无论国界、奔逐自由的游侠。

[本文获第二届香港中文大学(深圳)"摆渡人杯"卓越文采一等奖]

名 匠

吴与伦　合肥一六八中学

我和姥爷要去看望谁？

就好像默认了春天会到来，雪会融化，而时间会慢慢过去。我换上了春装，踩着末冬留下的一片一片雪去医院。偶尔还是会有细雪飘，碎琼乱玉似的。路上的阳光强烈却不温暖，细小的花朵顶破冬日往上蹿，但更多的是还没长出就已然被压死。浅淡云层环抱着太阳，今天不是一个好天气。

走在路上时我喜欢抬头望，望见灿烂的阳光滴落眼眶；而姥爷喜欢低头走，走过遍地苍白的薄雪泥泞了脚步，也不怎么想看看前方。

今日姥爷拎了多年未吹过的木笛，手指上攀了几十年琢玉琢的痕。医院长道上消毒水的味道冲得很，路也漫长到像是走不尽似的。我望着姥爷那双手，忽地想起与这相似、又毫不相似的另一双手。华先生的手总沾着颜料，老茧覆上水泡，总是黄黄的。厚重，稳当，狼毫小笔一团摁下去便能稳稳地晕出一团翠色。

然而我们要去看望谁呢？

走廊上有人点了烟，不好，闻起来如同烧柴。这让我忆起五岁逾半的某个下午，华先生只身一人拖着画箱来投奔姥爷。那日的檀香也像烧不尽似的，烟气又浓又呛。华先生端了奉贵客用的汝窑茶碗，一双小眼盯着我行了拜师礼。他咽下一口茶汤，眼珠转一圈说："那黄钟大吕想你听不明白，若你自个儿明白，便消去炙手可热的性子——即使你这个徒弟将来差强人意，即使我抹月批风，也能敝帚自珍……"

从此我的国画师父就得是这位刻薄老人家，姥爷说人家好，我也就信了。还记得那日姥爷摁着我行礼，大手粗粝温暖，又有些严厉。邻居说闲话，说这人"打秋风"

来的。姥爷便牵我走，那份独特的 —— 介于疼痛和踏实之间的力道 —— 和现在握着我的力道别无二致。

可是，我们已然站到病房门口，可我们得看望谁？是谁呢？是何人让姥爷一路着急，把我从学校接出来，只为看他一眼？

画师华先生有家画坊，用贷款盘了的，小得转不过身。姥爷的店就立在边上，店门用的是仿晚清雕花门廊，正中挂一匾：百年老店。柜台一曲几绕明亮通透，营业员笑容满满。而姥爷捏着紫砂壶柄，在内室里斟盏热气腾腾的龙井，消磨整日。

姥爷姓卓，名煜，一手巧匠琢玉功夫，识玉更是在行。这是座躺在南方的北方的小城，南北分不清它，一隅半新不旧的水土而已。姥爷是这个磕碰着赶上时代的小城中，最"上道"的玉匠。花大手笔盘下柜台，外间摆给外行人，里间招待内行人。物美价廉，行行业业都各有一套案子应对。几十年生意兴隆，迈开腿跟上时代新风。

这句话叫华先生听了会鼻孔里喷出两道气，说些

"规行矩步"的怪话。随后便在那间或称简陋或称古朴的小画坊里埋头作画。泼墨浣山海，走笔尽波澜。他几笔下去收了风月敛了云霓，一笔一笔透出生命磅礴的热烈。他在画坊里教我，一笔一画于昏黄灯光下模糊。四周是老旧发霉的墙，他铺开画架，竹子搭的。那点家当似乎比他本人还重要些。他最喜欢的就是四壁挂着的杰作，层层叠叠，有花鸟有山水，一进门就是枕山襟海的豪气。他衣着总有些古意，言语也颇有几分古风，抽空便躺了摇椅，收音机里放首《英莲惊梦》，慢悠悠晃回上个世纪去。

隔屋姥爷铺子里人来人往，他这小破地方常常无人问津。我也就跟着他在这里，十年如一日，工笔花鸟梅兰竹菊。墨线偏半寸戒尺就落下，伴上一句悠长悠长："个斑马，你小子不服周？"倘若手腕软上一软，没忍住抖了抖，定规的那几张通通翻倍；再哪天他心情不差，他也顶多来一句："难为你胶柱鼓瑟，荒腔走板，竟蒙出来一分像……"

这么星霜荏苒再想学也犯怵，所以我常常趁他浅眠，

渡

摸出漫画书覆在画上，提心吊胆一页页翻。记着几张精彩的插图，自觉比这点儿难懂的国画有意思得多，收音机还在咿咿呀呀，灯光软软地投下来，华先生睡梦里也跟着哼：

"你把那冤枉事对我来讲，

一桩桩一件件，

桩桩件件对小妹细道端详……"

病房门前我一个人立着，姥爷没放我进去。门缝里隐隐飘出来句京剧唱腔，是《得意缘》还是《探母》？我不知道。只记得姥爷一个人在家时，偶尔会想起什么似的拉我过来。唱一段儿，讲一段儿。往往是讲到兴头又看看我脸色，讨好似的说："不讲了，是老土了点喔？"而现在他唱得那么淡，那么邈远。音调里轮转了一千年的光阴匆匆。

所以，看望的到底是谁呢？

我其实明白姥爷并不爱店里那一套，他说那地方太"不像"。节假日他会领着我往县城里的小铺里去，他总

130

说真正的玉器行只要一块儿小地方，名师镇店，名器藏其间，端的是千古传来的大家风范。姥爷在那小破地方拿着手电慢吞吞地品一块玉料，识得出是好东西，却不敢收。他弯了腰，抚抚玉料上的灰再蹭着移回去，低声说："我这种匠人不该作践这料子。"有点儿忧伤和自嘲。

随即再淡淡一句："但你华师父必没有我这烦恼，他啊，含霜履雪，真真是个名师。"我不管，名师巧匠我一概不认。我是见过华先生几张画的，最好的是莲，垂瓣红莲染了最重最浓的墨，托住了那一团团热烈的艳红。他抬腕，落笔，笔下几缕墨便能偷来莲的几分魂魄。他似乎曾很是风光了几年，但人实在不知变通，惹了名家的火气便只得了个流落异乡的结局。这样的名师讨得到几分好？不如巧匠，巧匠才更适合。就像姥爷一样。

说实在的，我更爱姥爷的几件玉器。前回一对镯子，白里飞了粉红的翡，给姥爷琢了几尾锦鲤上去。活灵活现，一只镯子上锦鲤肥美，另一只就瘦些却狭长。刚端出去就给人要了。姥爷琢了出来眉眼都笑开了，大手轻柔地托着这对娇娇嫩嫩的镯子，说着什么巧匠琢玉，返璞归真。我就问他那名师呢？他默了不说话，摸着我的头道："这个时代，风流云散呐，名师都没个好下场。"

我坐着病房边上的椅子，闲得没事儿翻漫画，我知道我学不来国画，学了也像隔了层冰冷的膜，摸不热，握不热。但我喜欢漫画，这是我们这个时代的新鲜物。姥爷不怎么管这事儿，只说："华先生来了，面子总不能折了人家的。"但到了华先生就老是暴跳如雷，骂我不知国粹，崇洋媚外。一通练习往上堆，逼得我练的画纸垒成一大沓。他气发完了，最后必然得说回自己，哀叹一声宛若唱词的调子吐一句：我如那笼中鸟有翅难展……

什么是他的笼子？我猜是这个时代吧。偌大一个社会没人停下脚步等一等这些困在时间里的人，行家名士少之又少。华先生和姥爷都踩着上个时代的尾去追时间，许是华先生没追上吧，在茫茫时空中萧瑟得像朵秋日开的莲。

我没不喜欢这位老人家，师从他门下这么些年感情不亲厚也亲厚。他踏了千山万水来这儿，来南边，求的是一份前程罢了，我大概只是有些不懂。他似乎把一部分丢在时间里了，捡不回来，我也没法儿看清他。他就这么卡在那，路走得再远，到底也走不到哪儿去。

医院里消毒水的味道慢慢散开，抑或是我已经习惯了，放下书打了个盹儿。

我来这儿看望谁呢？

我梦到姥爷的那间仓库。

太好的东西姥爷不会拿出来摆，都收着放在仓库里。得空他带我进去转，一件一件指着说来历。红玉髓的济公像，印章赫然是寿山朱砂红。外头十年未见的深坑冰种帝王绿是赌石赌来的，几件玻璃种则是从不识货的小贩家那里淘来的……件件都捡漏，件件都是宝。最逊色的也是水头好得不得了的首饰，莹闪闪的界面如同翠绿的荷。

每回姥爷都得提起那件摆在正中的瓷瓶，古物，没留款。拍卖会上旁人只道是寻常民窑出的货，姥爷却记得当年有一遭：圆明园抢来的货要上交，有人胆大磨了款藏着便存下来了。圆明园皇家用的玩意儿，这可是漏，不捡白不捡……

他讲起这些老物件儿总眉飞色舞，像一下子活回了几年前。他一个人站在一场盛大的葬礼中，为沉默流淌着离去的光阴送葬，抑或是为了他逝去的年华。姥爷的眼神望向那些物事时带着凄美，总停留一会就匆匆离去。如同害怕着什么一般，有挂着一丝留恋的拖沓。

而今天我梦见他锁上那间老仓库，下了决心似的向我走来，面庞却不是笑的。

姥爷拍了拍我，我跟着他迷糊着进了病房。房里是谁？我不想猜。一仰脖，却是个细瘦的人形轮廓。我看了他一眼，又看了一眼，莫名掉了眼泪下来。

华先生已经没个人样儿了。

前些日子画坊被强拆，姥爷上下打点，起码保了一套画架出来，但墙上那几幅却永远栽在那儿了。华先生半辈子心血毁于一旦，人马上就得病。我只是听说，却没想到变成这副田地。他分不清人，握着我的手却说："卓先生——您可得给我烧纸钱，要点烟花，您斗南一人，我在地底下总得等着您给我送点什么……"

"先生，"我喉头一哽，"现在不让放烟花。纸钱也有限，但我记着您呢。您也算不废江河……"

姥爷淡淡地顺着说："老人家，咱不谈鬼神。您安心，我吹笛子送您。"

那人形沉默片刻，忽地挣动起来。他睁开眼，眼神像是要洞穿时间。"难道……那些老规矩都不顾了？"他说，"你我都是蹈锋饮血的好汉是不错，总得顾着点……"

他倒了下去，似乎累了倦了，长长吐出一口气道："我就不明白了……怎么忽地都变了呢……"

我不敢回答他。

我和姥爷来看望谁呢？是华先生？还是时光遗落下来的沧桑魂灵？这都已经辨认不清了。我缓缓走了出来，不知多久，房门里挤出来一声极高亢的笛音。随即变得悠扬，漫长，又带着哀伤。那声响绕在长廊里，像一只困于时代的幽魂野鬼。

医院苍白的四壁挤压过来，我不管不顾。如梦似幻的笛声排山倒海四面八方地涌来，带起空气轻微的晃动。苍白的灯光投下，把一切照得冰冷又惊恐。我在经历一场逃离，而或许有人不会逃走。不过我们都在害怕着什么，又像期待着什么，我想要的光还没有来。

我不住地往前走，仿佛不走，那笛声就要追上似的。为什么不愿意被追上？我也弄不清楚。但我觉得没法儿等，不能等。我还得去画漫画呐，我还没长大呐。我只能迈开步子前去。

我往前，走一步就掉几滴泪。但还得走，没人敢停下来。幸而长廊前面幽幽地冒出一簇光，于是，笛声也就这么渐渐听不见了。

我往前走……

[本文获第二届香港中文大学(深圳)"摆渡人杯"卓越文采一等奖]

百年孤独

赵嘉楠 浙江省柯桥中学

它在地下埋藏了千年……几经波折，终于完完整整地在这片土地上安稳下来……

——题记

昏暗的烛光下，工匠捧着已成型的器具，在进行最后的修整。

这是罍，皿氏家族的祭祀重物。烛光扯着黑烟，泛绿的铜体上花纹环绕，两侧装饰双手衔环，腹部正下置一兽錾，立雕、浮雕、线雕各居其位。在昏暗的屋子里，拽长的影将它包裹，它被笼在疲惫已久的身躯下，就像沉睡的王者在等待今后的威慑四方。

工匠放下手中的削刀，将罍高举，罍的真容展现，它在月光与烛光的沐浴下泛起金属的锃亮。

祭祀礼上，它被盛以卮酒以祭皿氏先祖。

它开始苏醒，它的出生就带着厚重的思念之情，它承载着古代的中国人对家族的浓厚情怀……

雷声轰鸣，雨点打在了泥土上，溅起了浑黄的泥水，一锄，一锄……噌——铜与铁的撞击声清脆，锄地的人并无发觉，又狠狠一砸，它在沉睡了几千年后被唤醒，在痛苦中苏醒。

它睁开闭合的双眼，在沉睡的这几千年里，这片土地经历了太多，战马奔腾，朝代更替，秦统六国，大兴土木，宫殿如林而立，直到清代，洋枪大炮取代金戈铁马，这片土地流了太多鲜血……它想总有一天会有那永恒的太平吧……

身上的污土洗净，它很开心，再次被人拥在怀中，那人欣喜的表情，难以言表，它，要迎来新的主人了……

"媳妇，咱们的学费有着落了！你看这鼎，从土里挖出来的宝，肯定值不少钱，过几天我就把这给校长送去……"那农民拽着媳妇凑近了看，那布满老茧的双手贴上鼎，划过纹路；又凑近了嗅，泥土的香甜犹如钞票的香味在他们鼻尖环绕，令他们振奋。

那农民眼里闪着精光……

烛光直熏鼎，几千年的沉淀让它更有魅力，黑漆古的颜色更显出浓厚的历史沉淀，雄浑，庄重。它已经几千岁了。

它出名了。

自从破土而出，它被拿去交易，它见过太多和那个农民一样眼里泛着精光的人。

原来，他们欣喜是因为想要占有，是因为，它是所谓的"最大最精美的方鼎"，它是"方鼎之王"。

它没有丝毫的自豪感，它害怕极了。

商船鸣笛，它身首分离，它的身子来到了日本。

和当时山雨欲来风满楼的中国相比，在日本新田栋一的家里，它养尊处优，享受着最好的待遇：恒温的储藏室，不知时间，不知风雨。不似被埋在土里与腐虫共存，被浇以污臭的粪便，不似在那军阀猖狂，三天易主，五天换地的折腾年代，在这儿，安稳。可是，这样的它，不完整……

新田栋一也会时而讲述一些中国人的故事：中国湖北的学生联名上书，要求国宝回归，想要找寻它；工商业者不惜重金悬赏，也为了寻回它……

新田栋一为自己的手段自豪，没有让任何一个中国人窥见它；它感到满足，满足于那片土地上的人没有放弃它。

对于一个日本人，它无话可说，它接着沉睡。直到，一个中国人的拜访……

"新田栋一先生，我是上海博物馆的馆长马承源，非常高兴能……"

门外响起了久违的中国话，它身子一紧，它也许能回家了……

新田栋一的推诿，马先生的执着，每天的拜访，每天的会谈，每天的拒绝，每天的希望……

终于，它和亲人相聚了。

玻璃罩上紧捂的双手，像是刻在它身子上的铭文，想紧紧地抓住它……马先生激动地半屈身，眼泪在眼眶中打转，张嘴微微轻语，他有着说不尽的话想对它说，它也有。

他有他的思念，它有它的感谢，它知道，他们的相聚是多么不易；它知道，为这次见面，他们做了多少努力；它有着深深的认同感，这是它的民族！

等到马先生离开，新田栋一无可奈何地站在它面前，"你们中国人，都是如此的倔强，不肯放弃……"

新田栋一按灭电灯，在他走后，它在黑暗中迸发出了新田栋一这辈子都没见过的光彩，它想告诉新田栋一，这就是中国人和别的国家的人的区别，在别的国家的人眼中，它是艺术品，是私人的战利品，它可以被交易，可以流转任何一个国家，但他们永远体会不到，在中国人眼里，它是文物，是中国人的文物！

再次苏醒是被闪醒的，无数摄像机开足火力，不放过任何一个瞬间，只为一个不属于他们国家的世界珍宝的真容在明天在自己国家报纸的首页出现，他们羡慕、嫉妒，羡慕我们拥有几千年的历史，嫉妒我们的土地上孕育了如此精美的文化，他们的注视热切，热切到皿方罍想要作呕。

"接下来我们要拍卖的是来自中国古代商代晚期的方罍之最——皿方罍，大家可以看到，这个方罍的体型之大，做工之精美……"

皿方罍的目光转向了挤在角落里的中国人，他们的注视炙热，握紧的双拳无力地垂在大腿边，它看到了悔恨、遗憾和不离不弃的执着，和马馆长一样……

"924万一次，924万两次，924万三次，恭喜来自法国的……"

原本已经消停的闪光灯再次亮起，没有人注意到那罍一暗，没有了那摄人心魂的气势，只留下了那些资本家最喜欢的完全属于中原殷墟的外壳。

它，在聚光灯下哽咽……

突然，灯光熄灭，随着玻璃落地的支离声 —— 有人偷盗……

它，在黑暗中，在报警声中窃喜……

此时的中国人以最快的速度冲了出去，抓住了那个偷窃者，皿方罍被中国人捧着，转交给了那个法国人。

它被捧在手上时，它读出了中国人的坚韧：它读出了那些馆长院长为了筹款携带几千张银行卡却有钱都花不了的心酸，它读出了那些坐在底下的华侨商人攥紧的拍卖牌如千斤重的无奈，它读到了镜头前的中国人想要变得更加强大的欲望……

交接的那一刻，它决定再次沉睡……

"爸，你为什么要为了一个破铜烂铁赔上自己呢？"

"你闭嘴，什么破铜烂铁，就你口中的破铜烂铁是中国的皿方罍，那是我们老祖宗的历史，它是有灵魂的，它是一种信仰，它是我们中国的！"

女儿突然默不作声，她被父亲强硬的态度和那浑然天成的气势所震慑，她竟然开始惭愧……

父亲快步走向门外，刚准备拉上门的手停住，回头转向了女儿，"女儿，咱是中国人！"

话音刚落，父亲似乎更加坚定地点点头，头也不回地离开了。

她的父亲，上市公司的老板，一位爱国的商人，为了让皿方罍回归中国，他不惜和那些几乎在父亲的人生中都不会有交集的博物馆馆长共赴美国，和卖方谈判了三天，每个人只睡了两三个小时，策划书换了一份又一份，最后甚至把公司的未来都赌了进去，就为了筹那底价——五千万美金。

我更是后来才知道，那些馆长们更是放下脸面，连夜赶了一份声明："恳请海内外华人藏家在拍场中以大局为重，万勿以个人好恶哄抬价格，期待全球华人藏界和衷共济，为后世子孙计，促成此次国宝回家的盛举，成就中华收藏的又一佳话。"他们为了说服那些外国人以和谈的方式来减小再次拍卖的风险，动之以情，晓之以理，想尽一切办法满足外国人的要求，可是想让当时身为一级文物的罍盖在短时间内通过审批出国，这简直就是不可能的事！

就在这时，一位主任想到了以 3D 打印技术来复制罍盖。当他们告诉本地分公司的 3D 打印技术人员时，他二话不说，拿着数据，连夜前往南京总公司。经过了两天两夜的赶制，才拿到复制品，而当时馆长心灰意冷地准备登机。

不幸中的万幸，工作人员疲惫不堪却又兴奋不已，他累倒在地上，撑着地，不顾形象地说："真是好险，我这细胳膊细腿差点就和飞机赛跑了……还好，还好，我赶上了！"

他的眼里发着光。

为了皿方罍的回归，太多的中国人倾注了所有。这是一个国家和民族对我们自身文化遗产的重视，是我们中国发出的大国之声，温和而又坚定！

2014年6月12日，纽约佳士得拍卖会，皿方罍再次拍卖，竞拍成功者，是中国！

当时的现场，掌声轰鸣。

——2014年6月28日，湖南省博物馆内，皿方罍合体仪式召开。

当工作人员合力为罍身盖上罍盖时，掌声再次响起。

它团圆了。它，完整了！

老馆长低头看着回归的皿方罍，简介上标注着它的历史，这是它颠沛流离的境遇，也是企业家们的慷慨支持，是华人收藏家们的默认与成全，更是全体中国人的信念。

老馆长趁着别人不注意偷偷抹了把眼泪，微笑地转向媒体的镜头："说来也是惭愧，让我们的皿方罍奔波流离，远走他乡，但还好最终我们团聚在此。我们中国人讲究扎根，讲究灵魂、信仰，与其他国家不同。中国人的信仰是长久以来难以释怀的情结，是不离不弃，是落叶归根，是相聚，是团圆。我想正是中国人对国家、对社会、对家的这种情怀，才能有今天这一幕，我由衷感谢。"

拄着拐杖的老人站在罍的身边，朝着镜头弯腰鞠躬。

皿方罍抖了抖身子，抖掉了经受了千年的孤独，摸了摸和自己分离了将近一个世纪的脑袋，它咧嘴而笑。它很开心，在这儿，它是完整的。在这儿，它能每天看到懂它的人。在这儿，它看到了中国人的文化自信。在这儿，它看到了一个国家对和平的倾注！

它回家了，褪去了风尘气，有了更温和的坚定，这，是这个民族给它的。

皿方罍。

这，是中国人的文物；这，是中国人的故事。

〔本文获第二届香港中文大学（深圳）"摆渡人杯"卓越文采一等奖〕

未来的陪伴

史旭飞　襄阳市第四中学

"星子泡在深蓝的海里凝望夜空，

泡桐花仰望着曾承载它的树梢，

星星虽离开温柔的夜空，

却被大海紧紧地拥抱，

泡桐花虽飘下树梢，

却被树根深情地亲吻着。"

暖黄的灯光下，小晟摇头晃脑地念着一本诗集，阿奶就坐在床边，纳着一只鞋垫。风儿噗呼噗呼地吹着，与小院的木门嬉闹着。一开一阖，木门咂咂作响，笨拙而又质朴地和着风的小夜曲。小晟念诗的声音渐渐小了下去，阿奶也停下了手上的活。风声渐息，夜是这么寂静，没有一丝声响，阿奶呆呆地注视着院子里的葡萄藤，藤上的葡萄已然丰腴，沾上的露水似乎是葡萄暗洒的泪水。阿奶陷入了沉思。

壹

天气好好，天空被风的发梳理成纯净的湖蓝。几朵白云漫无目的地四处漂泊，风儿不倦不躁地吹，把那软软的云吹得丝丝缕缕，绕上树梢，缠成香甜的棉花糖。蜿蜒的山上，春的手撷起一枚新叶，用春风将这绿点燃。霎时间，嫩绿的焰火烧遍群山。天地接壤处，不知是绿火蹿上了天，还是那如水湖蓝淌了下来。

茶山上，阿奶与小晟在采茶。小晟背着一人高的竹篓，懒懒地晃在阿奶身后，阿奶手指灵巧地采下每株茶的鲜叶，随手撒进竹篓里。空气中满是泥土混合着草木的香，发酵出茶奇特的生命味道。

竹篓里的嫩叶已然冒尖，阿奶撷一叶到手心，手掌微微搓动，茶香便霸道地挤入小晟的鼻子，呼吸之间都是清香。

小晟大大的眼睛闪亮亮的："阿奶，好好闻。"

阿奶脸上的皱纹变幻成浅浅的笑容，用爬满青筋的手摸了摸小晟的脑袋："乖孩子，走，回家吧。"

想到这里，阿奶脸上不由得浮出笑意，旋即又暗了下去。

贰

阿奶仍深深地记得第一次见到小晟的情景。阿奶的家在深山里，山高路远，与外界相隔，仅有一条蜿蜒的小路在群山上盘旋，成为与外界沟通的唯一纽带。这如世外桃源般的地方十分宁静，但终究有着一份令人难以忍受的寂寞。阿奶的子女一个个离开了老家，去了远方的大城市，仅留阿奶一个人守着这份寂寞。当最后一个子女决定离开的时候，阿奶其他的子女都回来了，他们是回来告别的，与他们一同回来的，还有一个孩子——小晟。

晚风吹淡了夕阳的薄酒，再掺予一份斜阳，融成亮亮的琥珀色。阿奶依旧佝偻着背，绚烂的霞光碎成万段，落在阿奶的肩上。

山间晚风不紧不慢地挑弄着阿奶银白的发丝，阿奶却如雕塑一般默默地矗立着，呆呆看着眼前忙来忙去的子女，所有人都已经坐上车，他们挥手向阿奶告别。汽车启动，一转眼就消失在夕阳的余晖中。

小晟缓缓睁开双眼："阿奶。"

"孩子，走，回家了。"

叁

虽然子女已告诫过，阿奶自己也知道与小晟之间不该过分亲近。但在这常年无人造访的深山，小晟还是凭借着他的陪伴，一点一点地温暖了阿奶的心。

夏天踮脚走来了，房前清澈的河水终于舒活了腰肢。金色的光斑在河面上浮动，乘着水流向远方流去。

渡

　　小晟在河流两岸跑来跑去，不时踏过经年的老木桥。桥也很默契地发出嘎吱声，共同谱写夏日午后的欢声笑语。

　　河边，阿奶在一块大青石上吃力地洗着衣服。洗好的衣服整齐地铺在大石头上。微风撩起还不住滴着水的衣袂，一朵朵幽人的菡萏在青石上绽放开来。

　　"阿奶，阿奶。"小晟蹦蹦跳跳地来到阿奶身边，顺势盘腿坐下。

　　几只不知名的鸟儿在苍穹里穿梭徘徊，倏忽掠过小晟的头顶，又向远方飞去。

　　"阿奶，那些鸟儿要飞向哪里呀？"

　　阿奶顿了顿手上的洗衣活，"当然是飞去远方了。"

　　"远方，远方在哪儿？"

　　阿奶放下衣服，随意地在身上擦擦手，目光却不离那水天一色的远方，"远方就是别人的大城市了。"

　　"那我们为什么不去大城市呀？"

　　"大城市……大城市……争着抢着去大城市，大城市有什么好的……有这蓝蓝的天和白白的云吗？"阿奶的眼神逐渐麻木，口中喃喃，不知在说些什么，像在回答小晟，更像询问自己。

"阿奶，你不高兴吗？"小晟怯怯地问。

阿奶回过神来，报以苦涩的微笑，"没事，阿奶不是还有小晟吗？小晟不去大城市……乖孩子，走吧，我们回家吧。"

"哦……好……"

肆

"大城市……大城市……"阿奶喃喃着，她忽又瞥见小晟手中诗集末的几句，"唯独我，在这无垠的旷野上默默彳亍着，孑然一身望向远方。"

"阿奶，你渴不渴，我给你倒杯水吧。"小晟醒过来，也不管阿奶应不应，自顾自地溜下木床，不一会儿便端了一盏清香弥漫的花茶。

"呐，阿奶，给，42℃哟，趁热喝。"小晟将食指从水中抽出道。

阿奶放下手中针线，接过杯子，"谢谢孩子。"暖暖的灯光洒入杯中，裹挟着氤氲雾气缓缓弥散，散进阿奶混浊的干涩眼眸，阿奶眸子里渗出咸咸的水滴。

"嘿嘿，阿奶，这不是我应该做的嘛。"小晟笑了。

"嘀——"刺耳的警报声响起，划破了纯粹的夜的静谧。阿奶愣了一晃，小晟若无其事地走到角落，打开一个铁制匣子，从中取出一块黑乎乎的东西，放在自己身上的口袋内。

阿奶目不转睛地看着小晟的一举一动，松弛的脸庞上两行清泪缓缓垂落。

夜又重归了它的静谧，星子依旧熠熠。

伍

这里仿佛是无人打扰的世外桃源，只有小晟和阿奶两个孤单的灵魂守护这块净土，一年年，秋天把旧叶子从枝丫上揉掉，静静的河里始终没有归舟掀起波澜。阿奶一天天面向大地，小晟还是小小的没有什么变化。

阿奶正呆呆地凝视着积灰的檀木桌上立着的相框，相框上斑驳的花纹现出擦拭的痕迹。相框中，阿奶左边是三个中年人，是当地茶家的传统打扮，脸庞黝黑但光亮，右边是两个妇女，她们的手上仍有冻疮的痕迹，阿奶记得，那是初春在青石板上捶打衣服的记忆，阿奶曾经还为此心疼过。阿奶身前还偎偎着三个孩子，他们的头上都插着一朵大大的山茶花，天真而烂漫，阿奶将手搭在孩子肩上，家人像石榴籽一样紧紧相拥，每个人脸上都是灿烂的笑。

阿奶的嘴唇微微颤动："一次都没回来……一个都不回来……看看也好啊……就一次……"

"小晟。"唤了几次，她忽地忆起小晟一大早就上山采药了。

一抹苦涩的笑吊在阿奶嘴角，悠悠的叹息像从破风箱中鼓出一样刺耳。阿奶缓缓踱到院外，轻轻拂开台阶上的灰尘，慢慢坐了下来。

人言秋高气爽，可正午时的太阳依旧咄咄逼人，锋芒不减的阳光刺透火红的枫叶，死死扎在地上，点染开一团血红。

阿奶干枯的双手放在大腿上，她感到一阵酸楚，不禁低下头将其埋于掌中……

"阿奶……"小晟的声音像唢呐一般从远方传来，阿奶忙起身望去。小晟小小的人背着大大的箩筐，里面塞满草药，踏着枯黄的草飞奔而来。

阿奶张开臂弯，看着小晟冲进自己的怀抱。

"阿奶，阿奶，这里面都是治风湿的草药，我待会儿就给您熬药。"

阿奶紧紧搂住小晟的双臂微微松开，脸上再现淡淡的笑："好，乖孩子，我们先回家吧。"

阿奶拉起小晟的手向院内走去，大中午小晟的手依然那样冰凉，凉得让人心寒，可阿奶仿佛并不在意，只是拉着他的手向屋内走去。

陆

又是黄昏了，落日在散发着它一天中最好的温热，不甘地徐徐垂下地平线，散兵游勇般的"火焰"仍震慑着天幕的素云。花瓣飘飘摇摇跌进流动的河水，河便载着花的遗书驶向天际。水天相接处，一片白云悄然升起，慢慢被天幕浸成灿黄，终究消失殆尽。

阿奶缄默地注视着一切，远处群山的脊线正一点点摆脱阳光的笼罩，残存的光晃得山头像萤苑一般，又逐渐淡去。她知道，就在明天，当星子谢幕，启明星再次在东方闪耀时，涅槃的太阳将喷吐赤火得以重生。

可她呢……

干枯的双手垂在双膝边上，意识渐渐涣散，阿奶试图睁大眼睛，可枯萎的眼皮不由得缓缓合上。

天色霎时又淡了几分，一片火红的枫叶被轻轻吹落，打着旋跌落到地上。

"阿奶，我们该吃饭了。"小晟从房中跳出，跳到阿奶面前。

可阿奶却并没有笑着摸摸他的头。

"阿奶……吃饭了……"小晟轻轻摇动一下阿奶的臂弯。

依旧没有回应……

"阿奶……"

忽然，小晟想起什么，起身向屋内跑去，回来时，手里紧紧攥着一块黑乎乎的东西——那是电池。

小晟满怀希望地将电池塞进阿奶衣服的口袋里，希望阿奶能醒来吃饭。

依旧寂静。

他又冲进屋内，这次他手里抱着那个铁盒子，一块，两块，小晟不停地将电池塞入阿奶的口袋，可面前的阿奶依旧闭着双眼。

"啪"，小晟手一松，盒子掉在地上，里面的电池滚了一地。

小晟慢慢在阿奶身边坐下，四周静静的，只闻一只落单的南雁在高空凄厉地嘶鸣着……

"嘀 ——"刺耳的警报声再次响起，可小晟依旧一动不动，渐渐地，小晟感觉他面前的视野在大块大块晃动，四周缤纷的色彩逐渐变成单调的黑白，他感到自己全身逐渐僵硬。

柒

黄昏轻吻着波光粼粼的河面，洒在院角的葡萄藤上，在地上画出一个个金色的光斑，编织成一个流动的梦。

小晟的双眼缓缓睁开，眼前的阿奶依旧伛偻着背，黄昏的光晕为她披上一件虚无缥缈的彩衣。

"阿奶……"

"孩子，走，回家了……"

当冰冷的科技被赋予情感，原本温柔的人们忘记了彼此相依的美好。我们是否该存一份念想，去守候那渐行渐远的温情。

[本文获第二届香港中文大学（深圳）"摆渡人杯"卓越文采二等奖]

第三届

逆雪将行

王晨沣　天津市实验中学

疏勒城外，数九寒冬。

"校尉！"身前的军吏范羌向他一抱拳，不过半晌，身影已然消失于近前的雪幕之中。

他艰难地抬头，身前天山积雪终年，山脊连绵，雄皑逶迤，沉默地与他对峙，细雪刮面，西域特有的寒风涌向他身后的夜色。夜幕中，是他在匈奴人铁蹄之下最后的坚守——疏勒城。

一阵劲风裹挟着积雪，腾起一片白雾，生生将他的身影埋没，连带起伏的天山山脉，也一同消失于夜色。

永平十八年二月，北匈奴单于向车师国突发猛攻，时任西域戊己校尉的耿恭派三百余骑支援，尽皆覆灭于车师。

永平十八年八月，汉明帝去世，匈奴野心未泯，勾结车师，两万余骑直冲金蒲城。

他踏上城头，城外黄沙漫卷，城下匈骑蜂拥，"汉家箭神，其中疮者必有异"。大汉校尉的声音像用擂鼓撞进匈奴耳中，冲在最前的百余骑提刀怒目，直纵马向他所期望的射程内冲锋。

当第一只马蹄闯入箭矢的轨迹，已有几十余骑被车撞翻在地，箭矢混杂着沙砾掠入他们裸露在外的躯干，伤口便隐有溃烂之势。而后，更多匈奴钻出箭雨，挥刀冲杀。

箭雨如潮，匈骑似洪。

待到风沙平息，细雪已铺满了这片腥暴的战场，将战争的痕迹悄然抹去，夜幕降临在金蒲城，浑厚的雪幕也掩盖了数百披甲兵士的身影。

此时的匈奴营中，一片宁静的气氛，偶有一两声睡梦中的低呓。帐中，"嘶——"一个受了箭伤的士兵正在卸下胸甲，同伴在一旁帮忙清疮，"中箭的滋味还真不好受。"他咧咧嘴，望向帐外掀起的一角，浑厚的雪幕外，仿佛无尽的黑暗将营地笼罩，他敏锐地感到一丝不对劲，但一回头，同伴却好像离开了一般，整个营地静谧得仿佛只剩他一人，耳边只有自己沉重的呼吸声。

"这家伙，走也不打声招呼。"他摇摇头，正欲将帘垂下，一股士兵的警觉将他包裹，"不，不对，其他人呢？"他探头向外看去，不料，帐旁竟伸出一只手紧捂住他的嘴，同时，胸口也传来被利物贯穿的触感。

"敌袭！"他想发出警告，可惜为时已晚，他身形一晃，栽了下去，鲜血汩汩地从胸口喷涌。最后映照在他瞳孔里的，是火光四起，喊杀声一片混乱的营地，和那些汉军鬼魅般的身影。

是夜，校尉耿恭带领数百披甲将士冒雪劫营，杀伤甚众。

金蒲城一役虽获胜，却损失惨重。校尉耿恭下令部队据守汉军重塞——疏勒城，同时派军吏范羌向朝廷求援。疏勒城地势险要，宜于久守，汉军将在这里与匈奴展开拼杀。

守城已有月余，其间守军借助疏勒城天山北麓的险要地势与匈奴余部展开大大小小的攻守战。疏勒城易守难攻，匈奴死伤无数，却无可奈何。

匈奴人深知凭借强攻不会奏效，因此改攻为围，分出兵力截断了疏勒城赖以取水的河流，疏勒开始缺水，城里的水井一天天干涸，守军的战力也愈发下降。

几月余，城中粮绝，耿恭率部拒降，誓死抵抗。"食尽穷困，乃煮铠弩，食其筋革"，"笮马粪汁而饮之"。

一个面容枯槁的士兵蹲在路边，在他身前的一个男孩衣衫褴褛，紧紧地抿着嘴，怀中是他仅剩的半袋水。"孩子，让叔叔喝一口吧。"士兵禁不住哀求道。孩子无措地望着他，紧攥的小手放松了一点，士兵的眼中燃起一丝希望。他忽然注意到孩子的视线移到自己身后，一回头，校尉耿恭正带领一干人站在自己身后。

"校尉，我，我……"

"玩忽职守，去向你的百夫长领罚。"

"是……"

耿恭深深看了一眼那个士兵，披甲暗红，像是几道未干的血迹。西域风沙的侵蚀和连续几天的断水，使得这名士兵已经眼角爆裂，嘴唇脱皮。耿恭看着陪自己从金蒲城出生入死直到今日的士兵，忽然加重语气说道："我会为这座城找到水源的，一定！"说完就率部离去。

士兵愣愣地看着他的校尉带着一干人远去。

自匈奴派人截断水源开始，耿恭便率部在城中开挖水源，已有月余，城中水井甚至纵深十五丈，仍然没有一滴水涌出。

耿恭披坚执锐，凝视着面前粗浅动工的水井，他回头望向部下，一干人尽皆形销骨立，披甲上纵深的划痕贯穿腰际，正定定地望着他。他的视线甚至穿过雄皑逶迤的天山，仿佛要看穿什么。

耿恭感到一种无法言喻的心情，他右腿划开一步，向那口井深拜了下去，"天佑我汉。"

身后众将士一同拜井，"天佑我汉。"

传说此战役，校尉耿恭拜井祈水，水喷数尺。

围城已有半月，北匈奴单于知道耿恭等已深陷困境，便加派使者劝降，许诺让耿恭做他们的白屋王，给他女子为妻。

耿恭引诱使者登城，亲手将他杀死，在城头炙烤其尸。单于震怒，增兵围城。疏勒城上下兵士折损大半，其余士兵在耿恭带领下准备做最后的殊死搏斗。

永平十八年冬，洛阳。

新帝汉章帝继位，与朝臣众议增援西域一事，有朝臣持反对观点，以路途过远，生还者无几为由，奏请按兵不动。朝臣司徒鲍昱以一言力排众议：

"今使人于危难之地，急而弃之，外则纵蛮夷之暴，内则伤死难之臣。此际若不救之，匈奴如复犯塞为寇，陛下将何以使将？"

建初元年，张掖、酒泉、敦煌三郡携鄯善国共计七千人联军，兵击车师。援军中，有耿恭部将范羌。

建初元年正月，酒泉太守秦彭等人率军抵达柳中，才发现柳中被破已有月余，校尉关宠及所部数百将士均壮烈殉国。数日后，汉朝大军攻至交河城下。

战争没有任何悬念。

目睹柳中城的惨烈景象后，汉军将士们一腔悲愤化作动力，遭遇师老兵疲的匈奴军队，一番鏖战之后，斩首、俘获六千余人，缴获牛羊无数。

惨败之下，驻扎在天山南麓的匈奴溃不成军，车师见大势已去，重新倒向汉朝。至此，天山南麓全面收复。

交河城下，汉军营中。

正月的寒风混杂黄沙悠悠地吹来，像是天山的呜咽。

"范羌啊，你要知道，这么冷的天，再加上断水断粮半年，耿校尉他……他们不可能存活的。"营地中间，十几名汉军将领围在一起，一名将领出声劝道。

被围在中间的那人，赫然是校尉耿恭派出向朝廷求援的军吏范羌。

范羌面容消瘦，眼神憔悴，因为担心主将和其他弟兄们，星夜赶路。天山南麓下，汉军破匈奴，收车师，给了他极大的鼓舞。可兵临交河城下，众将却一致劝他放弃天山北麓，这叫他如何甘心？

他定定地望向那积雪若雾带的天山群峰，仿佛要将它看穿。而天山借寒风传达自己的呦鸣，直飘入在场众将的耳畔，令人为之动容。

"咳……咳……"大家的思绪被大帐上主将秦彭拉回，范羌的眼神亦燃起希望。"范羌啊，这么冷的天，耿恭他们必死无生，为了他们，而让我们的同袍兄弟去送死，折损在天山上，值得吗？"

范羌眼中最后一丝光骤然熄灭。

值得吗？

范羌并不知道答案，他眼前一黑，身子终于支撑不住，栽在地上。最后的记忆，是西域冰凉的沙地和雪幕中隐隐起伏的山脉。

疏勒城外，暴雪遮天。

耿恭与余下的将士围坐，清点着仅有的装备。

他们煮了仅剩的铠甲与弓弩，分食了最后一点可以充饥的东西。

他们蒸干马粪里为数不多的汁液，用混杂着黄沙与干草味的褐黄色液体来慰藉缺水多日的干瘪的胃，城中再无一滴水可供他们续命。

他们深知，只要匈奴人再发起一次成规模的冲锋，不，甚至是几十个杂兵，都能断绝他们的生机。

耿恭淡淡的视线扫过他们这些残兵败甲，远处，一个士兵正呆呆地望着远方出神，不知在想什么。

耿恭记得这个小伙子，金蒲城一役，他射杀二十余匈奴人，大放光彩，而后随自己退守疏勒城，在自己建议将铠甲弓弩煮后用来充饥的时候，一言不发，将自己平常最珍贵的长弓交出，供大家分食。

耿恭的视线扫到另一个熟悉的身影，金蒲城，雪夜里，匈营外，随自己奋力搏杀劫营的将士，一个又一个熟悉的身影……从金蒲到疏勒，他们一直都在。

细风迎雪，夹杂着从天山吹来的悲鸣，耿恭的视线迎上沉默的天山，风沙混杂着雪粒扬起一道道帷幕，视线里的天山便被淹没。

远方传来阵阵的马蹄声，将士们脸色微变，纷纷抓起手边的武器。

他忽然想起，在并不遥远的年代里，在他被人尊为"将门之后"的童年中，他的父亲，中郎将耿广，却早早地撒手人寰。他认为，除了些许名声及地位，父亲并未留给他什么。

而他的堂哥耿秉，叔叔耿弇，却早已成为威震一方的统领、受人爱戴的将军。

耿恭想起从小抚养自己的母亲，心中不由得喟叹，此役过后，终不能重回堂下承欢。

视野里，马踏飞雪，扬起一片白雾，直冲疏勒而来。将士们全身褴褛，唯有眼神仍旧坚毅。他们自发地站在校尉耿恭的身后。

耿恭问自己，为了大汉，而让我们的同袍兄弟去送死，折损在天山上，值得吗？

耿恭并不知道答案。

但他知道，自己这二十六人就是大汉最后的防线了。

越过他们，便是大汉。

视野里的兵马逐渐逼近，他的思想却在这一刻愈发清明。他明白父亲留给自己的是什么了，是大汉子民在这华夏大地上流世绵长、涵远容深的坚毅品格。

将士们缓慢而又坚定地举起武器，漠风荡荡，黄尘弥望。

天山在雾霭中隐隐显现，雪停了。

淡淡的血锈味弥散在空中，天地在这一刻陷入了死寂。

忽然，兵马中爆出一阵熟悉的哭喊。

"我范羌也，汉遣军迎校尉耳。"

早已疲弱不堪的将士们对视一眼，都从对方的眼中看到了震惊之色。

"城中尚有我汉家兄弟否？"

将士们仍未缓过劲来，耿恭的眼里却浮现出一丝笑意。

"大汉万岁！"耿恭轻声道。

大汉万岁。

一切恍若隔世。

交河城下，汉军营中。

范羌悠悠醒来，面前是主将秦彭。

他担忧地将视线投向天山山脉，而秦彭却仿佛没看到一般，自顾自地说道："司徒鲍昱有一言深得我心，'今使人于危难之际，急而弃之，外则纵蛮夷之暴，内则伤死难之臣。'"

他顿了顿，说道："军吏范羌，我与众将领商议，破格命你领两千兵卒，前去救援，不论死活，我都要一个结果。"

范羌的面色从震惊渐渐变为兴奋，他向秦彭一抱拳："范羌领命！"随即从地上弹起，两步并作一步，身影消失在秦彭的视线内。

秦彭含笑摇头，不语。

疏勒城内。

从请援兵入城，到众人围坐商议，不过短短几分钟，却让人如隔春秋。

范羌坐在耿恭对面，一切的言语到嘴边，最终化为久久的沉默。

援军入城，点起篝火，大开宴会。于是死城疏勒，重沐生机，从绝迹到喧嚣，从地狱到人间，一切恍若隔世。

建初元年正月，军吏范羌率两千兵士，驰援天山疏勒残部，"开门，共相持涕泣"。

疏勒城外，数九寒冬。

[本文获第三届香港中文大学(深圳)"摆渡人杯"卓越文采一等奖]

兰花草

印家宁 浙江省浦江中学

我从山中来，带着兰花草。

——胡适《兰花草》

（一）

　　山里难得有个晴朗天，婶子和阿妈搬了小竹凳到门槛儿边，手边摆了一竹篮长豇豆。猫儿勾着山鸡尾巴上扒下的一根毛挠痒痒，小妹还散着一头长发就拽着南瓜藤去逗它。

　　阿茹刚刚晾起衣服，围兜里没放发带，看着阿妹散头发又怕她被猫扯到，远远地喊："幺妹，头发扎起来喽？”

"俺不扎，太阳照俺脑壳！"还是小姑娘，玩乐时不顾忌那样多的细枝末节，阿茹做姐姐的也就不多说了，手背在围裙上草草擦几下，揽起向下滴水的木盆便往屋里走去。

婶子往里屋瞥了一眼，手上撇长豇豆的动作逐渐慢了下来，用手肘撞一下阿妈，躬下身凑近了问："茹茹还在绣帕子啦？"

阿妈的指甲在豆子的蒂上撇翘了点，"哎哟"一声："是的呀，她爱绣，我也没得法子的。这几日捡回来的石头也多，透亮透亮，还怪好看，就是瘆人。"

"要俺说，就让她下山去找找她爹揽点活计，总好过绣那些个没得用的兰草帕子呀。"婶子拧着眉头，两指捏着撇下来的豆角筋络，用力向地上一搁，"俺们本来就穷，做这些没用的不是白搭了好线好布？"

阿妈摇摇头："姑娘家的，不懂事也正常，她爹又出门，家里的活计她干得也不少，权且由着她去吧。"

妹妹还小，蹲在一旁，听不懂什么帕子不帕子，甩着藤蔓逗猫也渐渐地乏了，失了兴味，又散着一头的发去找姐姐了。

阿茹刚从围裙的布袋里摸出块晶亮的石子，是河水打磨出的莹润，握在手心里像是另一只眼。妹妹冲进来时她还在打理铅皮罐头里栽种的植物，摆在窗边，石子被压在细长如剑的草叶之下，见到妹妹了才转过身来："咋子哇？"

"俺想要姊姊的帕子，好漂亮。"小孩子还天真，指着绣绷上的米色布料道，"阿妈不要，我想要。"

阿茹还没绣完，兰花的草叶还只有描出来的边线，翠色还没铺展完全，显得有点可怜巴巴的。她拿起桌上的发带，示意妹妹转过身来，手指在细软的发丝里穿过，"这个阿姊还没做好，送你块花的好伐啦？"

小女孩点点头，似乎是满意了，但还没安静一会儿，便抬起手拉了拉姐姐图腾刺绣缒边的袖子，"阿妈她们为什么不喜欢姊姊的兰花帕子？"

阿茹低头看妹妹，鬓边的碎发因为家务劳作而散落，还未来得及拢齐整，带着影子停在脸侧，把眼神半遮，透着些水天般的清。

她笑笑："'兰草不开花，穷汉难发家'嘛——阿妈、婶子穷怕了。"

（二）

不管生在何方，为了生活，人总是要花钱的。

险山恶水里的人讨生活只有出山一条路，阿茹的爹就是千千万万外出打工的青壮年之一。而剩下的事儿他管不了，阿妈要留下，忙着管顾小孩操劳家务，或许会在深林里采菌子，在山埂上栽白薯洋芋，在竹木的旧屋里坐着纳鞋底，这辈子都不会离开这座山。

平心而论，山是美的。绵绵的山脊线从云雾里扭转成龙，天与山体一水的黛青色，像晕开的墨，也像被泪水笼上的眼瞳。妇女姑娘在这美里繁衍生息，一代又一代地等着外出的孩子或是丈夫回家,这仿佛成了某种宿命的轮回。

阿茹也是依仗阿爹的工钱才长大的,但或许是因为家里没有哥弟,她并不大愿意同别的姑娘一样在山的围城里把一辈子耗尽。

她绣活很好,嬢嬢们都说她手巧,但除此之外并没有大用了。某天她和阿妈一块搬了小竹凳到屋外平地上做活,阿妈纳鞋底,坐得矮,腰背佝偻着蜷在树荫里,她是高凳,坐在上面腰板儿挺直,在阳光散落的那一半世界里微微垂下眼,一针一线地绣。

"妈,俺想下山去找活计。"阿茹扯着浅绿的线,突然开口。

阿妈用石片子把长针往鞋底按,头也不抬,"女儿家的,找得到什么活儿?俺们照管好自个儿都不错了,安心待在大山里,比什么都有用。"

阿茹讲:"去找找总是有的,俺不想靠着俺爹,过一辈子穷日子。"

阿妈没说话。

过了好一阵子，阿茹的帕子都开始收针了，阿妈才突然开口："囡囡，妈也想去，可这山里半辈子也就这么糊弄过去了，你说下山去找活儿，能有多少钱？俺们这是一村人的穷，一户人怎么有得了钱？"

阿茹捻着绣线在手指上绕了个圈，轻轻巧巧地打了个结，看了阿妈费劲穿鞋底的样子，轻轻说："没钱就要想着找路子赚得，鲤鱼还想着跳龙门嘞，俺不信这山就这么把我们困死了。"

阿妈不说话了，只是和她对着穿针引线，两人在光和影子之间，各自泾渭分明。

（三）

方才碎雨泼墨似的泻下来，好不容易晴下来，水泥路上的水洼就兜了一摊水，幽幽地暗沉下来，凹成一张不光洁的面上的斑。

阿茹走在路上，头次下山，颇有点新奇。这会儿天刚刚晴，街道上没什么人，来来往往的大多是跑腿的外卖小哥以及送货的快递员，她是唯一不明方向的行人。

刚才躲雨躲得急，她没注意到自己的袖口裤脚被雨水洇成深色，现在才发觉身上有些杂乱，于是拿出帕子来拭，边擦着边走近了招工的广告区。

招工的广告五颜六色，比阿茹的绣线颜色还繁复，糊在墙上像是铺天盖地的花在盛开。只是这花太假了——阿茹看着"学历不低于中专""一分一件"的字样，咬着帕子边发呆。

山是山，山是阿茹同世界的隔膜，山孕育她又困住她，像极了蚕在结茧，而她是茧里的蛹。

她有点失落，攥着帕子回身去，眼神恰好和两个人对上。两个人都是休闲装束，其中有一个年纪大点的伯伯冲她一笑，另一个年轻，举着一个很小的摄像头向阿茹这边走来，"妹子，你这帕子是哪家买的？好多钱一块？"

阿茹把攥皱的帕子在手心摊开："不是买的，俺自己绣的，外头买不到。"

伯伯凑过来看，"这兰花绣得好漂亮。你是山上来的吧？这年头城里人绣不出这手艺。"

阿茹也就点头。

那青年摸摸口袋，掏出来几张钱，"妹子，你要不介意，我就先定三条绢子。我这钱没多带，不晓得要给你多少，你就当定金，留个地址，一周后我会来取，成不？"

"钱否要啷个多，帕子顶够，就是这地址给不了的。"阿茹摆手，手腕上的细素银镯子叮当响，"俺家在那个山头里，路通不上去嘞，要走栈道，老高老高的，外村的上不大去。"

长者把年轻人的肩膀拍了拍，转向姑娘，"这样子，你手上这块帕子能不能先留给咱们，钱你照样收，你把山头和村名讲来，一周后我们会托人来，你只管交了帕子，能行不？"

阿茹有点犯难，然而对方实在诚恳，她也就妥协，把地方说了，只是心上放不下："帕子脏了点……"

青年把钱往她手里一塞:"我们不打紧的,你只管去就是。"

于是这便算是个插曲,回乡时她搂着新买的米面,有点吃力地往上走。走时看见峭壁之下盘旋的大鸟,便记起孃孃说那是鹰,因为别的鸟飞不过这重叠山峦,于是她停下来,看着那深黑的双翼隐入丛林,才重新迈步前进。

栈道不好走,下山还觉轻松,带着东西上山便显得有几分力不从心。等到阿茹到家时,天已经黑了一大半,天上的月亮影影绰绰地笼罩着她。幺妹已经睡熟了,她灯也没点,蹑手蹑脚地上了床,摸着黑散下头发,却偶然间看见窗边的兰草和卵石在生锈的铅皮罐头里映着月光。她躺下来,用手撑着脸颊,眼神清亮亮的。

(四)

山脚下辟上来条路,才刚刚开始动工,荆棘灌木就被清得差不多了。

阿茹捏着钱，有点晃神。对面的男子则戴着安全帽，手心里捧了三块叠得整整齐齐的兰花帕子。

“妹子不晓得呀，是书记看着了你的绣活，又知道你们这旮旯里不好过，上不来，教我们来修路的。”那工人朝她憨厚一笑，“他还叫我问问，你们村子像你这样做手工的姑娘多不多，还有好些人想要呢。”

书记？

阿茹记性不差，她一下就反应过来了——是那个伯伯。

婶子和阿妈在门口张望，两个人缩在门角的影子里不出来，倒是幺妹披头散发地跑过来：“姊姊！”

阿茹失笑：“做啥子？又不梳头，教鹰给你叼走。”

幺妹撇嘴，小姑娘年纪还小，斗起嘴来倒是一套一套的：“鹰上来就拿石头给它打下去！大不了现在修路了，俺去找爹，把坏东西赶跑。”

那工人就叫她：“小姑娘，你会绣帕子哇？”

“俺不会，我姊姊会，全村就属她会绣兰草！好漂亮的！"小女孩心直口快，从口袋里掏出来那块手帕给对方看。

对方"哎哟"一声，真心实意地赞道："好厉害！"

几个人笑闹够了，阿茹抱着妹妹和工人道别，准备回屋去时，却看见了阿妈和婶子蹲在门槛边的阴处往自己这儿看，不由得笑了一声，贴了贴妹妹的面颊，低声问："幺妹，咱叫上阿妈她们去看看修路，给叔叔他们送水去，好伐啦？"

小姑娘爱热闹，听到这种话正是求之不得，阿茹刚把她放下就飞奔过去，迫不及待地问："婶婶阿妈，咱们下去看看路吧？"

幺妹情面大，毕竟是孩子，足够执拗，阿茹站在温温的太阳底下，含着笑看两个大人被一个小姑娘从阴影处拉了出来，一同站在阳光底下，似乎是有点不适应，还眯着眼睛用手挡着光。

阿茹就拉着幺妹的手，笑着看婶子和阿妈："咱们下去看看吧。"

一点黑影掠过天空，是鹰。如果从它的视角从上往下看，就能看见开路的人群在青翠的山之间绵延成一条线。那是从围城里破出的缺口，是通往万水千山的长途。那一路上，还有要冲破枷锁的人定胜天的意志。

阿爹说她的名字是芬芳温柔的意思，阿茹牵着阿妹向下走时心想。可是温良谦卑的容忍没法让人们在山沟里生存下来。她并不喜欢这个字，她还要倔强许多，"柔茹而寡断"的缠绵更适合形容母亲的坚守或是懦弱。她是兰草，是卵石，或许是细弱草叶、光滑棱角，但永远有扎根汲水的韧、不畏险恶的坚，让她在穷山恶水里重生。

兰花草是她走遍山水的经络，卵石是她看遍天下的慧眼。

满庭花簇簇，添得许多香。

——后记

[本文获第三届香港中文大学 (深圳) "摆渡人杯" 卓越文采一等奖]

呼斯勒 [1]

钟子晴　浙江省诸暨中学

　　暮色四合，悠扬的驼铃在沉寂的沙漠中回荡。呼斯勒瘦削的背影镶嵌在巨大的赤乌中，金灿灿的日光照拂在他蓬松而倔强的鬈发上，蒙上一层棕黄亮泽的光辉。黢黑的身影旁一点嫩绿，似焦黄信纸上一点青绿，微小却格外醒目，使这寂寥的天地间平添了几分生机，充斥着少年美好的愿景。

　　"谁也不知道究竟是什么引发了这场灾难，或许是某种疾病的全球爆发，或许是一场山火，一次蝗灾。抑或只是一片森林的消失。麻木不仁的人类贪婪地不断索求着，触怒了腾格里。他收回了我们沃野千里的家园，降下惩戒

---

① 呼斯勒：蒙古语，意指希望。

化作这莽莽黄沙。富人们圈起仅存的绿洲，将穷人驱逐至沙漠，自以为高枕无忧。可当不绝于耳的枪响划破夜之静谧，总有一天会击碎他们美好香甜的梦境……"

一天前，呼斯勒还坐在额么格的脚旁，用手托着晕沉得直往下垂的脑袋，听她不厌其烦地讲述着她那老一套的往事，一个有着无边无垠的草原和成群的牛羊的往事。他的思绪却早已飘出窗子，飞至斜悬在沙冬青丛中的那轮金乌上去了，金乌的那头，是他从未去过的绿洲。

腊月渐凉的风呜呜呜着刮过铜漆的火盆，发出"滋滋"的声响。焦黑的木炭间迸溅出一星半点的火花，烫伤了趋光的飞蛾，落在灰黄的沙土地上随即又立刻消失得无影无踪了。门吱呀一声被人推开，走进一个穿着直筒长袍的男人，腰间缠着一条壳黄红的绳带，是"绿洲使者"的象征。这些人能代表着沙漠居民去绿洲中采购生活用品。

呼斯勒蓦地从椅子上跳起，兴奋地扑到阿巴嘎的怀中，"布和，你给我带了什么东西？"

这个名唤布和的男人宠溺地摸了摸呼斯勒的脑袋，

将背上的包裹卸下，恭敬地递到额么格的面前，继而又从怀里取出一团被方巾包裹着的物什放在呼斯勒的手里。小心翼翼地打开方巾，里面是一把棕褐色的种子，呼斯勒猛地抬起头，惊讶地看着布和，双手不可控制地微微颤抖着，琥珀色的眸子里露出惊喜的光芒。

"这是我从绿洲里找来的种子，我们把它们种下，等它们长大成商什树，就可以向腾格里祈愿离开这片沙漠了。"

呼斯勒的耳畔似乎又响起了布和沙哑而厚重的声音。转眼之间，距他们一起将商什种子种下已经过去三个月了。布和又踏上了去往绿洲的道路，而这些小小的种子也长出了翠绿的嫩芽。呼斯勒从未如此真切地看见过这么好看的绿色，只曾在遥望绿洲时看到过一点模糊的轮廓。他计算着布和回来的日子，当他发现这些幼芽时一定会非常地惊讶吧，这时他就能骄傲地告诉布和自己是多么用心地在照料它们。等这些幼苗长成大树，他们就可以一起再种下新的种子，腾格里会赐予他们一片绿洲，不只属于富人的绿洲。如此想着，呼斯勒不由得又痴痴地笑了起来。

沉浸在喜悦中的呼斯勒似乎已然忘却自己身处之地，正是寸草难生的沙漠。在这个困兽蛰伏的无尽深渊，任何新生的火苗在发出明亮的光芒之前，都会被这伸手不见五指的黢黑所吞噬殆尽。

沙漠里的天气倒是像极了被父母宠得娇蛮的姑娘，谁也无法预料何时会晴转多云。那是一个晴朗的下午，呼斯勒和额么格正在屋子里准备迎接布和的回归。起初，只是疾风刮来碎石，不停地敲打着窗棂，尚未来得及叫人看清楚，业已在透明的玻璃上留下一道白色的深痕。风，渐大了，紧接着，原本晴蓝的苍穹逐渐黯淡，灰云从四面八方聚拢，如一个巨大的笼盖猛地罩下，将这不大的村庄牢牢地禁锢着。与黄沙密合处传来一阵接着一阵压抑的轰鸣，密匝匝的，愈来愈响，愈来愈急促，直至强烈如鼓点，每一击都用尽全力，奋力捶打在呼斯勒的心上。黄沙逐渐弥漫开来，不消一会儿工夫，眼前便是黄茫茫的一片。狂风急速地呼啸着，蓄谋已久的沙尘暴在西边庞大的沙丘之后，裹挟着飞沙走石和倒下胡杨的枝丫，狂躁不安地涌动着，一路摧枯拉朽地向村庄逼近。

额么格紧紧地抱着呼斯勒，任凭他如何哭喊也不肯放手。她绝不允许自己的孙子跑出去，沙尘暴所到之处，寸草不留。兴许是有些累了，呼斯勒不再挣扎，无力地瘫倒在额么格的怀中。鼻涕掺杂着泪珠沿着脸颊直往下流，他却不顾擦拭，只是怔怔地望着窗外漫天的黄沙，卷走了他的商什幼芽，亦盖灭了那双琥珀色的眸子里小小的火焰。额么格轻轻拍着孙子的背，似乎已经看到了风暴过去之后更为致命的打击，无奈地闭上眼，大颗的泪珠从眼角溢出，滑落在怀中人儿的鬓角。

风，渐渐止了。

呼斯勒拖着沉重的身子挣扎着从额么格的怀里爬起，踉踉跄跄地欲往外走。打开门，呼斯勒愣住了，眼前是不知谁送来的一具尸体，脸上蒙着一层白布。呼斯勒不可置信地转过头看向额么格，却只看见一张平静得几近异常的面孔。在沙漠中行走的人遇上沙尘暴，死亡似乎成了既定的结局。若遇上熟识的人能将遗体送回来，便是最大的幸运了。呼斯勒惊愕地看着额么格，他分明看到了她眼底那条壳黄红的绳带！

滚烫的泪水再度从眼眶中涌出，呼斯勒不敢再看白布下的布和，吼叫着疯跑上沙丘，用力拭去不断溢出的泪水。布和最讨厌爱哭的男孩子了。凝望着远方绿洲模糊的轮廓，曾经的向往与希冀早已随着树苗与布和的离去而烟消云散，取而代之的是愤恨，是不甘。他憎恨腾格里的不公，为什么有的人一生下来就可以生活在绿洲，不用为如何吃饱而日夜忧思，不用为看见一抹希望的绿色而倾尽所有。而他们却只能被驱逐到荒芜的沙漠，随时面临死亡的胁迫。

他愤怒地拍打着炙热的沙土，手心是火辣辣的疼痛。直起身，呼斯勒对着辽阔深邃的苍穹，使出全身的力气奋力地呐喊着，似乎要宣泄出所有的不甘与愤慨。

腾格里 —— 布和 —— 腾格里 ——

静。声音一遍又一遍地回荡着，之后，又是寂静。没有回答，没有声响，无垠的沙漠又陷入如死般沉寂。只听见不远处，响起悠长而清脆的驼铃。

额么格望着呼斯勒黯然的背影在落日余晖中拉得很长，很长。那头蓬松的鬈发失去了应有的光泽，无力地耷拉着。原本挺拔的身子变得佝偻了，似被一块巨石沉重地压着。额么格不由得深深叹了一口气，转身欲将布和的遗体搬进屋子。突然，她似发现了什么，混浊的眼里再一次露出光亮，她急切地呼唤着呼斯勒。

布和的手心里紧紧攥着一把棕褐色的种子！

呼斯勒接过这些还带着布和的余温的种子，再度向沙丘走去。脑海里不停地想象着布和临死前的模样，沙尘暴将他翻下骆驼，他挣扎得是多么痛苦，却依然紧紧攥着这把小小的种子，即使他也无法确定自己是否能再次回到家人的身边。呼斯勒跪在沙丘上，用手将沙拨开，把种子小心翼翼地放入其中。泪水从坚定的眼中流出，划出一道曲折的线，滴落在沙上，成为浇灌商什的第一滴水。

就在这一刻，呼斯勒觉得自己似乎长大了。往后的日子里，他要栽下一棵又一棵商什，哪怕需要倾尽一生，也要去建造那不只属于富人的绿洲，那充满着希望的绿洲，正如他的名字一样。

西边耀眼的金乌如巨大的火球，卷起层叠的火浪，将石边的沙冬青融进。腾格里似要用一支蘸过夜色的墨毫，在这轮红日中勾勒出灌木模样。沙漠中依稀可见一缕笔直的孤烟在驼队前徐徐升起，驼铃悠悠地发出清脆的声响。驼蹄踏过之处，留下深浅不一的脚印，将天地划开一道深痕，迸射出刺眼的白光，愈接近落日，颜色愈深。印迹从皓白至姜黄至浅珍珠红，最后被日色点着，发出滔天的火光，模糊了天与云与沙的界线。

那被烧得猩红而夹杂着几分淡茄紫的天空下，投射出呼斯勒黝黑的背影，腰上缠着一根壳黄红的绳带，在风中摇曳着。他向着遥远的地平线，给世界留下一个挺拔而又坚定的背影。

[本文获第三届香港中文大学(深圳)"摆渡人杯"卓越文采一等奖]

孤　狼

盛　楠　乐清市知临中学

那年冬天。赖代村见识了一场前所未有的大雪。

雪花没完没了地飘扬着，漫天漫地，稠稠密密。雪吞咽着山川村落、烟火人间，吞咽着高山大地、日月星辰，仿佛要把整个北方的冬天都吞咽到它茫茫的白幕之中。

浩浩雪原，天际残霞如血。一个小小的黑点缓缓前进着，身后是一串孤独的脚印。那是一匹狼。它苍老，瘦弱，粗糙无光的毛发里夹杂着雪粒，腹部的肋骨已是根根分明。它走着，摇摇晃晃地从积雪的封锁里抽出脚来，摇摇晃晃地伸出去，又缓缓陷进雪里。它大口大口地喘着粗气，一团团的白雾冒出来，和着雪花迷蒙了它的眼睛——那是一双没有生气的眼睛，像一支快要燃尽的蜡烛，挣扎着吐出最后一点火苗……

春天，是赖代村的孩子们最喜欢的季节。那些捂了一个严冬的热情新芽似的拼命向外冒，同伴趴在窗口一声唤，便要开出花儿来。"走，去那边的山头抓兔子去！"一只胖乎乎的小手在门口招呼着。"好呀！"好多只小手探出来呼应。

孩子们嘻嘻哈哈地扑进春天的怀抱，有几个在草地上滚作一团，衣服裤子上蹭上了一块块泥斑，还带着稀稀落落的几片草叶。另有几个趴在草里，这边嗅嗅，那里瞅瞅，认真寻找着兔子的踪迹。春风拂过，吹开了含笑的花苞，吹不散银铃似的欢笑。

不知是谁喊了一声："看，那边那个不是阿良吗？"大家顺着他手指的方向望过去——果真是阿良！

阿良是村口赵寡妇的儿子，八岁上就没了爹。这些年，娘一个人拉扯他长大，却被柴米油盐的担子压出一身病来。阿良每天上学都穿着一样的粗布衣，衣服上打满了大大小小的补丁，偶尔卷起袖子，便能看到竹枝似的手臂，薄薄的一层皮可怜巴巴地附在骨头上，裹着一根根突起的青筋。自母亲病倒以来，阿良单薄的小肩膀接过了沉甸甸的担子。于是，捉青蛙、扑蝴蝶的队伍里少了那个瘦瘦高高、笑容清爽的身影。阿良一下子长大了许多。他垫着小板凳在灶上烧饭，被油烟呛得直咳嗽；他抱着小铁盆到河边洗衣服，没留神滑了一跤，差点跌到河里去；他守着炉子熬草药，手指被滚烫的药罐烫掉一层皮。

"阿良，来一起抓兔子呀？"孩子们挥舞着手。

"一起来玩吧！"有人跳起来吸引他的注意力。

挑着担子的少年转过身，嘴唇动了动，没有发出声音。

那边的孩子没有得到回应，叽叽喳喳地叫唤个不停。

他于是招了招手，扯出一个干涩的微笑："你们自己玩吧，我娘还等着我回去煎药呢。"

回家的路上，伙伴们的欢笑一遍遍在脑海里回响，阿良的心里像有一只小猫在挠。他几乎要忘了自己正走着的这条路有多么危险——村里的长辈说过，这头的山上没有住户，有的是成群的野狼。

阿良永远也忘不了那双犀利的眼睛，外溢的凶光与空气碰撞出火星，然后就那样直直地射过来，像是要把他活生生劈成两半。只见那只灰狼缓缓地向这边踱过来，悄无声息地迈着步子，目光似在游荡，却始终没有偏离阿良。阿良小心翼翼地向后挪动着步子，两条细细的腿抖得厉害，似乎随时可能就这样散开瘫软在地上。

二十步，十九步，十八步……

他感到周遭的空气在一点点凝固。

小寺庙改建的教室里，阿良和同学们把支教老师团团围住，一双双小眼睛里盛满了好奇与渴望。

那个夏天的蝉鸣比哪一年都要聒噪。小小的教室却意外地平静。墙角的蜘蛛正从容地织网，讲台上路过一只漫步的蜗牛，檐下的燕子扑棱了几下翅膀，没舍得离开。

"老师，城里有狼吗？"阿良这样问老师。

"没有，城里的孩子都没见过野狼。"老师说。

赖代村的孩子从小没少和狼打交道，村里的大新闻几乎都与狼有关。今天隔壁的王叔被狼叼走了几只羊羔，后天前院的张大哥用枪打死了几只闯入村庄的恶狼。他们一听城里没有狼，纷纷惊讶地瞪大了眼睛。

"那老师觉得狼是什么样的动物呢？"阿良又问。

老师想了想，说道："它们凶猛、危险，又很顽强。你看，不管猎人用猎枪镰刀打跑它们多少次，它们总会回来。为了活下去，它们一次次直面死亡。"

十五步，十四步，十三步……

他听到狼微弱的鼻息，听到不远处草丛的骚动，他听到自己扑通扑通的心跳，和骨骼咯吱咯吱的战栗。

干旱的日子里，热辣的阳光无情地炙烤着大地。阳光蒸干了河流水井，吸走了作物的生命力，也折磨着人们有限的耐性。在干热和饥饿的威胁下，狼群也躁动了起来。

村民们频频在自家的水缸边和屋檐下发现狼的脚印，哭声、咒骂声、枪声久久地蒸腾在滚滚热浪里。

孤　狼

人狼大战终是来了。黑洞洞的枪口，群狼的凝视和喘息，村民端起了上膛的新枪，空气里弥漫着杀意和硝烟的气息。

头狼一声长嚎，一跃而上，几只健壮的公狼紧随其后。

"砰砰砰"的几声枪响，几道黑影纷纷应声倒地。

狼群中传出惊呼与怒吼。

但是很快，又一只狼站到了最前面，又一轮冲锋开始了。

三只，五只，十只……越来越多的狼倒下了。它们有的挣扎着爬起来，一瘸一拐地向前走，发出一声声鲜红的喘息；有的伏在地上向前爬行，在身后留下一道长长的血迹；有的仰在地上，无力地摆动着四肢，嘴里发出低低的呻吟。

每只狼都在前进，老的、少的，健壮的、负伤的，像沙场上决心死战的勇士。

那场对峙以双方的精疲力竭告终。狼群撤退时脚步是颤抖的，一如村民举枪的手。

那天夜里，村里丢了几只羊羔，村后的篱笆上则多了一个裂口。

十步，九步，八步……

灰狼忽地抽了抽鼻子，身子向后一缩，箭一般冲了过来。阿良咬着牙，两条腿僵在地上动弹不得。他感到身上的每个毛孔都在颤抖，一层密密的汗水从手心里渗出来，湿润了镰刀的手柄。

深呼吸，深呼吸……

父亲说过："要稳，要快，要狠。"

秋风渐起，母亲也如残花败叶般日渐憔悴了下去。她每日只是不住地咳，咳得满脸涨红，咳得喘不过气。瘦弱的身躯努力挽留着飞速流逝的生命力，每一句呻吟都像是乞求，只是得不到回应。

母亲走的那天天色阴沉，老天爷也哭得撕心裂肺。

阿良没有哭，他只是呆呆地跪在父母的墓碑前，说什么也不愿走。

孤　狼

那天晚上，阿良一个人回了家。望着空荡荡的床，他扑通一声瘫坐在地上。他无声地嘶吼着，猛烈的悲伤恶兽般撕咬着他的五脏六腑，而他只能攥紧了拳头，拼命地挥舞，一下一下砸在床沿上、地板上。然后，他筋疲力尽，只剩下哆嗦的鼻息。

窗外灰狼的嚎叫透过沉沉的雨幕传来，"嗷呜——"

他想起了父亲。父亲是村里颇有好评的猎手，他身材高大，身手敏捷，一双犀利的眼睛仿佛能洞察一切——像狼一样。"你爹和狼斗争了一辈子，到头来却不讨厌狼，"母亲说，"他说他向往狼的意志。"

"嗷呜——"远处几只狼稀稀落落地回应着。

六步，五步，四步……

阿良使出浑身的力气，把手里的镰刀重重地掷了出去，结结实实地砸在了冲来的箭头上。下一秒，他转身狂奔。每一步都像踩在云上，软绵绵的，仿佛失了知觉。耳边路过呼啸的风声，风里掺着灰狼的嘶吼。

"嗷呜——"一狼高呼，群狼回应。

那年初冬，山洪来了。

起初只是打雷下雨。雨很大，整个村庄都像陷在海里，只听见哗啦哗啦的水声和雷电的轰鸣。整个天空都在沸腾，恶鬼藏在翻腾的黑云中低吼，用利剑划开漆黑的夜空，留下一道刺目的裂痕。燕雀瑟缩在巢里，猫狗蹲在墙角蜷缩成一团，胆小的孩子也早早钻进了被窝，在爸妈的安抚声中平复着心跳。

后半夜，村庄平静了，外边的天地却一刻不曾消停。

阿良又梦见了狼，一只逃亡的狼。它领着狼群在山坡上飞跑，身后的洪水在咆哮，向狼群张开了血盆大口。一只，两只，三只……越来越多的同胞被山洪卷走，它频频回头，大声嘶吼着，抗议着，呼唤着，却无力回天。

"嗷呜——"真真切切的狼嚎在耳边响起。

阿良猛地睁开眼，推开窗向外望去，眼前是漫山的大水，水里似有发怒的蛟龙在翻腾。一只灰狼立在不远处的山坡上，张大嘴喘着气，露出一口白森森的尖牙。它也看了过来，漆黑的眸子在黑暗中发出幽幽的光。

孤　狼

　　"快跑！"阿良大喊着跳出窗户，一头扎进浑浊的泥水里。

　　暴怒的山洪远比他想象中要可怕，水里仿佛有千万条藤蔓缠上来，要把他拖下深渊。阿良只能拼了命地仰起头，大口吸着湿透了的空气，再沉回水里，挣扎着向前滑动。有好多次，他差点被迎面而来的浪头打趴下。

　　他好累，比以往任何一个时刻都要累，全身的每个细胞都在燃烧，而大脑像灌了铅一样沉重——他无法思考，唯一的念头是要挺住，只有挺住才能活下去。他好想大声吼叫，却没有那样的力气；他好想放弃，好想就这样闭上眼睛沉沉地睡去，却拗不过心里那只狼——它有着那样冰冷而犀利的眼睛，即使遍体鳞伤，要拼尽全力爬出死神的魔爪。他咬着牙，继续向前划，鲜血从牙缝里渗了出来，混在水里，一眨眼便被冲得失了踪迹。

　　他终于攀上了高地，悬起的心稍一放松，便跌进了黑沉沉的梦里。

　　三步，两步，一步……

他朝前头的村庄大喊着："救……救命啊！"腥甜的血、咸涩的泪，一股脑儿全涌了上来，把人压得喘不上气来。

"砰！"最前面的灰狼在一声悲呼中倒地，颤抖了几下，便僵直不动了。

"砰砰砰！"更多的狼倒地不起。

狼群走了，猎人也收枪离去，留下一片死寂。

阿良听到有人在呜咽，一呼一吸都在发抖。直到冰凉的眼泪从眼角滚落，他才慢慢反应过来，哭泣的人——是自己……

那场山洪过后，赖代村渐渐被时间抹去了痕迹。

几番叶落，阿良又回到了这里。他长高了许多，依然很瘦，裹着一件很旧的军大衣，瘦削的面颊上写满了生活的艰辛，在那空洞的眼睛里，残存的一星火焰还在燃烧。

大雪纷飞，掩盖了荒草丛生的田地，掩盖了爬满青苔的古井，掩盖了村人的墓碑和断壁颓垣。

孤　狼

苍茫的天地间，一只灰狼正踏雪独行，身后是被落日拉长了的影子和一串串孤独的脚印。

"嗷呜——"它仰头长啸。

阴冷的声音回荡在空旷的雪原中，接收不到一点回应。

[本文获第三届香港中文大学(深圳)"摆渡人杯"卓越文采一等奖]

红梅得雪添丰韵

张朔骁　洛阳市第一高级中学

梨园一曲人未散，踏破琼瑶舞新篇。

——题记

缘　起

"江南无所有，聊赠一枝春。"轻烟漫笼，小桥流水，画舫轻舟，雨细声微。虽已见夕霏，可这金陵城中的葬玉楼却是越唱越欢。

"红梅得雪添丰韵，绿竹凝妆带粉痕。"客官您且看那，台上青衣戏扇开合，水袖起落，眼寰生花；您且听那，各路名伶陈词唱穿，昆山玉碎，芙蓉泣露。前世今生，悲欢离合，阴晴圆缺，到了这楼中，不过是一两句唱词，任它流年绮恨，已都融在心里。再怎么难平的情谊，再怎么难诉的离殇，风一吹，便四处飘扬；月一照，便洒向四方，铺成秦淮河上的点点星光……

每每当父亲回忆到这时，尚处垂髫之年的南煜曦的眼里总是迸发出别样的向往，他盼望着，身着凤冠锦衣；他盼望着，立于戏台之上；他盼望着，再奏角徵宫商，唱遍楚汉隋唐……

不错，这愿望，因他出身于京剧世家，而确实显得不那么天马行空，可奶奶的离去，却让这一切似乎又只成了南柯一梦。

父亲接着是幽幽的一句："那都是很久以前了……"每次讲到此处，小南恨不得把耳朵缝上，他实在不愿人把自己从幻想中残忍地拽出。但无可奈何，现实不会一直哄着这个六七岁的孩子。

奶奶原是葬玉楼的镇楼名角，不必"争缠头"，依然是"红绡不知数"。可惜那一年，江南洪泛，千亩良田，毁于一旦，颗粒无收，生灵涂炭。为了供养家庭衣食，奶奶只好随剧团外出巡演，华北，关东，蜀地，她统统跟着走了一遭。遇山，便安营扎寨；过镇，就架台表演；累了，便就地小憩；饿了，就杂粮充饥。但毕竟舟车劳顿，她一介女子，又如何吃得消？听闻最后一封来信寥寥数字说她染了伤寒病故在长白山山脚，只言片语就将一段传奇人生草草作结，倒真似戏里那咿咿呀呀的丑角，没哼几段便与观众匆匆道别……

可南煜曦不信邪，他暗暗在心里坚定决心，这一辈子，非戏不学。

情 系

兔缺乌沉，白驹过隙，转眼间南煜曦已是总角之年。"红梅得雪添丰韵，绿竹凝妆带粉痕"，这是印刻在他脑海里的一句唱词，正是奶奶的拿手好戏《柳迎春》。每年柳絮纷飞之时，他总会路过夫子庙，路过曾经的葬玉楼，心里也不免咯噔一颤，似乎在哪个转角，他便能邂逅曾经那位风华绝代的戏剧名角。可一阵巷里的凉风袭来，便又将他推回了现实。哦，因为从他记事开始，那座戏楼便被拆得一干二净，现在更是改建成了一所酒馆，对于尘封的记忆许是迷散在了历史的尘埃中……

可，他的梦想，不会湮灭。

无数次，他盯着奶奶的旧照陷入沉思；无数次，他恳求德高望重的爷爷送自己去学习戏曲；无数次，他望着街对面那座新盖的酒馆兀自空叹。

"山月不知心底事，水风空落眼前花。"他不明白，作为奶奶忠实支持者的爷爷，为什么会那么决绝地反对他继承家中的戏曲艺术。他总觉得，是爷爷老糊涂了，在时代的洪流中甚至忘记了自己的初衷……

"好事尽从难处得，少年无问易中轻。"终于，他下定决心，放手一搏。他翻出了奶奶年轻时曾视若珍宝的压箱底戏服。呵！可真是件稀世珍品啊！锦衣绣袄，绫罗绸缎，玉带蹁跹，光彩夺目。他自是知道这宛若天仙下凡般

211

的工艺，却也明了传承戏曲的意义——为了一场盛大的梨园梦，不只是他自己的，也是奶奶的，是南家全族的，更是炎黄子孙的——千秋迭梦。

"良辰美景奈何天，赏心乐事谁家院。"是孤注一掷，是背水一战，可不入虎穴，焉得虎子？他鼓起勇气将戏服扔给爷爷，冷冷地开了口："若是无人学戏，留着这破衣裳又有何用，倒不如直接变卖了好！"

爷爷先是一怔，在一段冰冷的沉默过后，他终是答应了下来。"都随你去好了……我只是不愿你步你奶奶的后尘……"

皇天不负有心人，拥抱成功的南煜曦爽快地接过话来："多谢爷爷理解，我保证让戏曲在咱家绽放新的生机！"

热爱可抵岁月漫长。嘲笑冷语应无妨，误解非议又如何。一抹秋风过，三里枫叶落。半年后，南煜曦被送到鼓楼学习戏剧。他的明眸中依旧满盛颗颗繁星，他坚信"红梅得雪添丰韵"……

逆 浪

山不让尘，川不辞盈。千里之行，始于足下。"唱念做打"，短短四字说来轻巧，真正实践还需苦功夫。可南煜曦都无惧风雨，他只愿怀揣热爱，奔赴山海。三伏酷暑，他定心苦练；严冬凛冽，他傲霜斗雪。坠兔收光，岳峙渊渟。冬去春来，山陵浸远。鼓楼的钟声是敲了一番又一番，熟悉的唱腔是练了一遍又一遍。"愿岁并谢，与长友兮"，在跟着师傅学艺的过程中，他也结识了情同手足的好友程顾焱，他们携手并进，形影不离。

"羡子年少正得路，有如扶桑初日升。"苦练的背后，是年少的陈梦；企盼的远方，是光明的宏图。两人相约，不负春光，下一站是国家戏剧学院。

三十年河东，三十年河西。来自远方的东风，刮来了新时代的浪潮。秦淮河畔，不知何时，多了无数南煜曦未曾见过的"洋玩意"，这一帮新式乐器令他又好奇又担心。高低间流，错落有致，时而铿锵激进，时而静水深涌，充斥现代感的电音曲折回环，与那主唱的声音完美结合，铁骑枪鸣，乍泄一地春光。沉醉了，迷恋了，过路人纷纷驻足欣赏，想将这动人的乐音全部揽入心房。

"我……也想去学流行乐……"程顾焱支支吾吾，最后只蹦出了几个颤抖的汉字。

"你这是背叛传统，你对得起师父吗？好啊，你可真是得鱼而忘筌啊……"愤怒和沮丧彻底包围了南煜曦，两两相望，唯余失望……

共　鸣

又是一季柳絮飞，飘落的樱花随风舞动，四散而去，最后仅有一两片在那梨园公子的肩头飘落下来。路过年年风霜雪，此时的南煜曦已是弱冠之年，他听遍了百转千回的离歌，也惯看了风花雪月的秦淮河。戏曲于他，依然是心尖上的缕缕青丝，但此刻，却勒得他生疼。

"雾失楼台，月迷津渡。"前些天，他收到故知程顾焱的电话，邀请他到江南剧院参加一场盛大的音乐会表演。这本是一件好事，可南煜曦却丝毫也振作不起来。他不知该以何面目会友，也不知自己这一身技艺该如何施展，他只觉这孟春的风还有些许萧瑟，不知自己到场还能否再唱得出一曲惊鸿戏。

"尽管去吧，孩子，红梅得雪添丰韵。"一个熟悉的声音在耳畔响起，是爷爷！南煜曦在一个蓦然回首间，不经意把金陵城数十载春花秋月揽入眸中。四目相对，他坚定了最初的梦想。对！红梅得雪添丰韵……

许久不见，别来无恙。程顾焱将这几年的浮沉坎坷尽数倾吐给了南煜曦，原来，他并不是一人远走高飞，他是真心爱戏曲的，因而在专修流行乐的过程中也不忘融入戏剧唱腔元素，花晨月夕，飞泉鸣玉。如今的他，已是远近闻名的国风歌手，此番前来，也是倾注所有，为古典和现代求一场盛大空前的共鸣……

"知君仙骨无寒暑，千载相逢犹旦暮。"好，好啊！共鸣！

新　生

　　桨声灯影，虎踞龙盘，一梦秦淮，一梦古今。"陌上人如玉，公子世无双。"南煜曦依旧如之前的几千次上台一样，轻敛云霞，照断惊鸿。眉笔轻挑，红粉擦面，凤冠锦衣，兰花慢捻。锣鼓响起，台下霎时安静。且听那大弦嘈嘈，小弦切切，琴瑟鼓吹，电音合奏，银铃轻响，流水淙淙，如听仙乐耳暂明；且看那青衣花旦，大家闺秀，纤纤玉指，卧鱼圆场，红晕染眉，水袖轻拂，如遇天仙恍若梦……

　　一曲长腔，千古情深，旧章新奏，浴火重生。

　　"红梅得雪添丰韵，绿竹凝妆带粉痕哟"，您听，又是一阵阵戏腔……

[本文获第三届香港中文大学(深圳)"摆渡人杯"卓越文采一等奖]

黄梅戏腔

陈　宇　合肥一六八中学

（一）

或许是与安庆的方言有关吧，平缓的语音决定了黄梅戏唱腔的流畅。

无论是清晨还是黄昏，爷爷总是坐在自己的房间里，手中拉动二胡和着收音机或是那台笨重老式的电视里的黄梅戏，微眯着双眼，一副陶醉其中的样子。

老屋后是一条河，是长江的支流。从我记事起，河的两岸总会有洗衣的妇人，打衣声伴着从不间断的戏腔顺流而下。正对着大门的是一方大坑，据爷爷说是当年发大水时留下的痕迹。

黄梅戏据说也是发大水时冲到安徽来的。

爷爷可以称得上一个真正的黄梅戏迷。二胡就挂在卧室的墙壁上，出门无论去哪里，到村口超市买东西也好，和几个好友打牌也罢，收音机总是揣在胸前，像捧着自己的心一样。一有时间，他准会打开收音机，咿咿呀呀地哼上几句。

其实爷爷并不会唱黄梅戏。

至少我没听他唱过。也许年轻时会唱，年纪大了后，嗓子变差了，再加上没有节制地抽烟，将牙齿都熏成黄色，爷爷就再也没唱过了。从他哼的几句听来，音还是挺准的。

但爷爷其实根本没学过音乐。他看不懂五线谱或简谱，幼儿园小孩都会的"哆来咪"就是他的极限了。可他对音乐又是那么熟悉，在那个年代的农村，是不可能有人教爷爷怎么拉二胡的，但他就是学会了。

拿起二胡他就好像变了个人，一道光从他略显浑浊的眼中射出，弓在弦上来回，手指在弦上跃动，黄梅戏的伴乐就从其中倾泻。这个时候，他总是微眯着双眼，一副陶醉其中的样子。

爷爷其实偷偷教过我二胡。忘了是什么时候，只记得我和他坐在沙发上，电视里正播放着黄梅戏，或许是电视年久失修的缘故，画面飘着几片"雪花"，声音也有些嘈杂。突然，他将手上的二胡递进我怀中，咧着嘴，笑着问我要不要学二胡。虽是问句，但那语气和动作却是毋庸置疑，我只好勉强点头答应。

似乎是想给我做个示范，爷爷将二胡再拿回，如同往常，和着戏腔拉了一段。随后又将它递到我怀中，握住我的双手，一个音一个音地教我，我每学会一个音，他便像孩子似的露出黄色的门牙。

不过仅仅半个小时后，我就将二胡还了回去。不仅是因为我对二胡没有兴趣，更重要的是少儿频道播动画片的时间到了。我绕到爷爷左边抢来了遥控器，瞬间电视中的黄梅戏就被动画片所取代，原本的嘈杂在我耳中消失了。

爷爷仍坐着，揣着那二胡，没有拉动。他微眯着双眼，但那神情一定不是享受。

其实那个时候我在学竹笛，是父母逼着我学的。说是陶冶情操，其实我知道那只是为了让我作为中考特长生给自己留条后路。当初决定选择哪种乐器时众口不一，爷爷当然想让我学习二胡，说是为了黄梅戏，但父母一直想让我学习钢琴或是吉他，理由也很简单，因为那是当下最流行的。谁也说服不了谁，最后我选了一个折中的竹笛。

其实让我选的话，我也想选钢琴或是吉他，理由就像父母说的。现如今，还有几个人想学二胡或是黄梅戏啊。

（二）

几年后，爷爷走了。得的是肺癌，这是在意料之中的——他总是没有节制地抽烟，牙齿都熏黄了。他走的时候，床边还放着他的那台收音机。

大人们谈起爷爷时，都说爷爷他临走前还想着黄梅戏。尽管最后几天爷爷已有些不太清醒，但每当他稍微好点，他的手指永远在打着节拍，微眯着双眼，好像是累了。

我没有见过爷爷的那副模样，但我想那一定不是累了，而是陶醉于其中。

我有些后悔，后悔当初为什么不好好学爷爷教的二胡。那一定是爷爷想让我爱上黄梅戏，让它不在我们这代断层，乃至消失。于是我打开爷爷的收音机，里面放的是孟姜女哭长城的故事。尽管我已经用心去聆听，但还是没能让自己喜欢上黄梅戏。一个五年级的小学生还不足以领略其中的精髓。

收音机烧了，送给了爷爷，让他在另一个世界里不要太过寂寞。二胡本来也想送下去的，怕亲人们睹物思人，但又为了避免从此世间连爷爷的一点痕迹也没有，便送给了爷爷同村的一个老友。

自此，我与黄梅戏的联系全断了。

（三）

城市不是乡村，那里有大量的新鲜血液，街头音响中播放的是英文日文或是韩文的流行歌曲。城市仿佛是一个绝缘体，隔绝了一切老旧的事物，只有新潮的才能进入。

老旧的事物当然包括黄梅戏。我就在这个没有黄梅戏的环境中从小学毕业，再从初中毕业，最后来到高中。

但我没有想到的是，我和黄梅戏的联系从未断过。

几乎是一夜之间，那个在年轻人中流行的网站首页被戏曲占领了。那是一首名叫《神女劈观》的京歌，本来不足为奇，但它一经融入游戏，几乎所有年轻人都将目光转向了它。古典与新潮的融合，让人们感到新奇，短短数日便收获了千万播放量。与此同时，各大戏种的演员纷纷对它进行了翻唱。一首歌曲被改成了数十个版本，每个版本都蕴含着一个地方的戏曲特色。

众多版本中，我不知是有意还是无意，不断寻找着黄梅戏版本。果然找到了，我立马点了进去。演唱者是一名年轻的女性，唇红齿白。

当她开始演唱时，不知怎的，演唱者的身影无缘地与爷爷的身影重合。我仿佛见到了年轻时的爷爷，挺直了佝偻的后背，一字一句地唱着"痴人痴怨恨迷狂"；背景音乐是熟悉的二胡旋律，我听得如痴如醉。

一曲终了，我的心中第一次对黄梅戏产生了好感。

春节回到老家，多年未见，老屋已显破旧，门前已是杂草丛生。推开门，一股陈腐的气息扑面而来，我们打扫了好一阵才收拾妥当。

我来到了老屋后的河边，手上揣着刚从爷爷老友处借的二胡。

如果爷爷知道现如今黄梅戏的发展，不知会做何感想，我在心中想道。

历经数百年的发展，黄梅戏在当代社会走向了没落，剧团和演出都越来越少，在这逆境之中不久便要彻底消失。

不过……我停顿了一下，随后握住二胡的琴弓。黄梅戏已经找到了一线生机，它在努力吸收如同那位年轻演唱者一样的新鲜血液，在不断跟进时代潮流，在不断进行改编与创作。

积极的创造不会毁了黄梅戏，相反，它会使黄梅戏发展更加繁荣。

数百年前大水将黄梅戏从黄梅冲到了安庆，经过安庆人的改编，加入当地的地方特色，黄梅戏虽名为黄梅，其实质早已不单单属于黄梅。

如今，黄梅戏也不能局限，它的代表曲目应不只有《女驸马》或《天仙配》，还应该有更多。

我唤醒了沉睡的记忆，拉动了手中的二胡。声音是那样的干涩与刺耳，只能大概听出旋律。我微眯双眼，一副陶醉的样子。

我好像唱出声来了。

当我睁开双眼时，对岸几个正在玩闹的小孩一脸疑惑地望着我，江面上似乎飘着几句唱词，"曲高未必人不识，自有知音和清词"。

唱词顺着风与江水向下游奔去，掠过两岸村庄。

［本文获第三届香港中文大学（深圳）"摆渡人杯"卓越文采一等奖］

石斛花

马缘圆　*广州市广外附设外语学校*

大约在二十世纪六十年代，姨母出生。

在那个埋在群山中的云南小村里，连生几个女娃显然是外婆无法接受的事，以至于姨母刚一落地，就险些被她亲手用脸盆闷死。不过，姨母还是活了下来，就这样一年年挨着岁月，跌跌撞撞地长大。那时对于一个女孩来说，"长大"这个词只是代表着"可以嫁人了"。那年姨母还不满十九岁，外婆就给她订下了亲事。丈夫多大年纪、长什么样，统统不知道。只知道他大概是有些家底的，毕竟外婆收下了那么丰厚的彩礼，正好能补贴她儿子聘礼的空缺。

送亲当天，没有锣鼓震天，没有十里红妆。老家的房檐上只挂了几盏廉价的红纸灯笼，风一吹就苟延残喘地摇曳起来，单薄得像是能被正午的烈日烧穿。

而外婆正蹲在院子里，从姨母装嫁妆的红箱子中一件件拣东西出来。

"这被子还是别带去了，给你弟弟用。"

"首饰你夫家会给你买的，这项链还是留着，将来给你弟媳。"

"这镯子……"

一直站在旁边看着的姨母这时终于忍不住了，抢先外婆一步，从箱子里拿出那个玉镯攥在手里，开口时，声音微微发着颤："这是我这些年给人纳鞋垫，自己攒钱买的。"

外婆听到她的话，一下子瞪圆了眼睛，站了起来戳着姨母鼻子骂道："你这个贱蛙婆①！还自己买的，连你都是我生的！你那帮姐姐当年嫁人怎么没你那么多事？嫁

---

① 方言，类似"赔钱货"的粗话。

都嫁了，带再多东西还不都是送给别人家？我看你就是存心……"

姨母就站在那儿听着，眼睛死死盯着外婆，却一言不发。她早已习惯了，知道因为自己是女娃，是赔钱货，所以说什么都没有人会在乎。

"哐啷"。

随着一声清脆的响声，外婆骂到一半，突然脸色苍白地僵在原地，指着姨母的手指悬在半空，忘了放下。

姨母当着她的面，把玉镯狠狠砸在地上。玉镯碎成数段，碎片摔在地上又弹了起来，断口反射着阳光，一瞬间，成色并不好的玉石镀上了一层金色，当真像是什么名贵的宝石一样，亮光灼伤人的眼睛。

随后，她又解下脖子上的镀金项链，拽下耳环，统统扔在地上。用的力气太大，她划破了自己的耳垂，几滴血珠慢慢地渗了出来。

鲜血衬红衣，也不知到底吉利与否。

"我不要你张家的东西，你也别再认我这个女儿。"

　　几个钟头后，接亲的队伍踩着吉时和鞭炮渣，牵着戴大红花的毛驴，停在了院门口。所谓的队伍，不过就是夫家的几个亲戚加上一个唢呐匠。那唢呐匠想来是吹着唢呐走了太久山路，气力不足了，此时把一首曲子吹得慢慢悠悠的，千回百转，一时竟听不出是喜是悲。

　　姨母最后的反抗只换来了一个结果，就是她没有带走任何嫁妆，也没有人出来相送，只身一人走向了迎亲队伍。她穿着一身大红的喜服，坐在一颠一颠的驴背上，光溜溜的脖子和手腕引得一路上的人对她指指点点。

　　哪有什么首饰都不戴的新娘呢？

　　可姨母偏偏迎着这些目光，高高昂起了头。

　　身后外婆不解气的咒骂被滴滴答答的唢呐声盖住了。毛驴脖子上的铜铃闷闷地响着，有几个小孩儿一蹦一跳地追在驴屁股后面念些吉祥话，接亲的人便抛几块喜糖给他们。

　　不论别人怎么劝，姨母都不肯盖上红盖头。生平第一次抹上了胭脂水粉的黑瘦脸颊直面着阳光，她带着泪花的眸子在日头下亮得惊人。

她要看清自己前面的路，哪怕它泥泞得不堪入目。

"一拜天地 ——"

"二拜高堂 ——"

"夫妻对拜 ——"

"礼 —— 成 ——"

这就嫁人了。不过就是从家里的院子被推出去，再关进别人家的院子。没有其他选择，也永远回不了头。

可姨母嫁人后，并没有如其他人所指望的那样安分下来。烟酒不离的丈夫，满屋七大姑八大姨，似乎完全没法锁住她。她的想法完全不同于一般的女人，如果她觉得事情不该是那样的，那就一定不是，但凡是她认定的事，拼得头破血流也要去改变。

我在初听到她的故事时始终无法理解，在那样的环境下生存的她，到底是如何形成那种刚烈要强的性格的？总之，她从没认过命，永远在寻找改变现状的契机。以至于在我的记忆中，这个乡下女人的眼睛里永远有什么东西在燃烧，不亮，但流光溢彩。

那时正值万象更新，改革开放的春风已然将内地吹得焕然一新，在我们那个山沟里才刚刚萌芽。那些年开始做生意的农民越来越多，姨母也想参与其中。她文化水平非常低，由于不明白是什么意思，她一开始连"改革开放"四个字都念不顺溜，什么"改开革放""革开改放"，变着花样地从她嘴里冒出来，让人哭笑不得。但这并没有消减她对这股时代浪潮的热情。她以一个农村妇女的眼界看出那是又一个希望，她要借着这个陌生的名词，轰轰烈烈地给自己闯一条出路。

姨母此后做过不少小生意，但四处碰壁，最后都没成。夫家的人对她为这些事耽误了家务颇有怨言，但她毫不在乎，大有不撞南墙不回头的架势。只要一和夫家人起争执，她总是用她的大嗓门撂下同一句话：

"谁稀罕你们家那点臭钱！不都说老娘是赔钱货吗？我还就要挣来钱给你们看！"

事情真正出现转机是在多年后的一个春天，那时已有了我，姨母也从初嫁的少女磨成了妇人。

那段时间里姨母很反常，无数次背着空空的背篓进山，再背着空空的背篓下山，唯一带回的就是满身的泥水，没人知道她到底在山里找什么。直到一天黄昏，她背对着残阳出现在映红的土路上，留下一行看不到头的泥脚印。这一次，背篓里终于像是有了东西。

她向来喜欢我这个小外甥女，快到家时就远远地朝我龇牙乐着。待走近了，从背后掏出了拇指长的一节东西，拽起衣角胡乱擦了擦，就直接塞进了我嘴里。我吓了一跳，下意识咬了一口，黏腻的汁水就在我口腔中溢开，弄得我转头就想吐掉。姨母却慌忙拿她带着泥腥味的手捂住了我的嘴：

"莫吐！好东西嘞，能防病呢。"

我没办法，只得忍着恶心再咬了几下，胡乱咽了下去，问她道：

"孃孃，这什么嘛？"

"这叫铁皮石斛。"她从背篓底下拿出了一捆那样的东西，笑得格外灿烂。

铁皮石斛？我当时懵然地点了点头，记住了这个奇怪的名字。我那时绝对想不到，这四个字竟从那时起紧紧和姨母绑在一块，一绑就是半辈子。

后来我才知道，这个品种的铁皮石斛是当地特有的野生植物，药用价值高，又稀奇，价格卖得很俏。姨母是想人工栽培这种石斛来卖。可惜在当地还没人尝试过人工种石斛，姨母便陷入了一种长期的死循环：花大力气从山上找来野生的植株，种在地里，养不活，只得重新去找，找到了就再种。不知是不是"铁皮石斛"这个刚毅的名字合了姨母的心意，她在这件枯燥的事上付出了十分的努力。

谁也没想到，又是几年过后，经过不间断的失败和尝试，姨母竟然奇迹般地把她的石斛种活了。铁皮石斛扎了根后终于开始生长，有力地紧贴着竹竿，头一次显得生机勃勃。又过了一段时间，石斛开花了。花又蔫又小，橙黄色，却是那破烂的后院里唯一的一抹鲜艳，像是往一张灰朽的画布上悄悄添了一小幅花鸟画。

那时，姨母格外兴奋地把我拉去石斛架旁边，指着那些小花问我：

"喜欢不？"

说来可悲，由于家里人没一个支持她，她可以分享成功喜悦的人竟然只剩下我这个黄毛丫头。

我并没有多喜欢那些瘦小的花，却也不想扫她的兴，乖乖答道：

"喜欢。"

"为啥喜欢？"

"呃——因为香香的，黄黄的……"

"错啦！"姨母使劲揉了揉我的头发，"因为这花能卖钱。能变成钱，那这不就是金花？"

这是个不好笑的笑话，姨母却被自己逗得笑弯了腰。

岁月流去的速度比石斛抽节还要快。慢慢地，姨母的铁皮石斛从后院长到了田间，越种越多，最后终于成了规模，可以收割卖钱了。

石斛总一茬茬地开出新花，姨母却是会老的。第一次卖出了自己亲手种植、晒干的铁皮石斛时，我眼见着她边笑边数着腰包中的钞票，眼尾的皱纹却把淌下的泪水割成了无数份。又哭又笑并不是当时的我能够理解的状态，可当我看着她蘸着口水数钱的佝偻背影时，竟然感受到一丝由心底生出的震撼。

铁皮石斛于姨母而言不仅是红彤彤的钞票，更多的是一种无声的证词，就好像她在借那些笔直的石斛指着老天的鼻子，用那比汉子还洪亮的嗓门对他说：

"喂！你看，你斗不过老娘嘞！"

有一次，我又和姨母坐在田埂上看她的石斛，数它们的花到底有哪几种颜色。当时她看着我，突然就叹了一口气，摸着我的脑袋，指着那些花，语重心长地对我说道：

"丫头，你记得嬢嬢的话。咱们女人就像这石斛，根是扎在那儿动不了了，但长多高，开什么花，是咱自己的事，谁也没资格管。"

后来，我去了城里上学，家变成了老家，也再没人告诉我姨母的石斛花又新开出了什么颜色。

这一走就是数年，等又一次新年再回到小村时，这个留在儿时记忆里的地方已模样大变。土屋旁盖起了小洋楼，道路铺上了水泥，时不时有汽车经过，看得我产生了一种不真实感。

但这种感觉在我看到姨母的一瞬间消散了，因为我发现这么多年过去，她眼睛里的那种神采没有丝毫改变。

在多年的经营下，她成了当地的铁皮石斛种植大户，周边好几户人家被她带着种石斛，腰包全鼓了起来。如今老太太身体不行了，把石斛生意交给了我表姐，自己在家带起了孙女。随着年纪增长，姨母的锐气终是消减了不少，总挂着平静的笑，脸上每一道褶子都好像在说，她对现在的生活是满意的。多年未见，她甚至险些认不出我。我们也实在找不到话聊，最后还是放弃了硬扯家常，相视一笑，朝石斛地走去。

我看到那片扩大了无数倍的石斛地时，一下子惊呆了。一个个支架朝远处无边无际地延伸着，石斛顶端开着各色的花，花瓣的颜色从里到外越来越深，千娇百媚，比我当年看到的瘦小的石斛花不知美了多少。

"真漂亮。"我不由得感叹道。

姨母闻言笑了笑，踮着脚摘下了两朵橙黄的花，一朵放到我手心里，一朵搁在她怀里孙女的小手里。我们三代人面对着石斛地，一时谁都没说话。四周静寂下来，只有风吹过时，石斛的绿叶在轻轻舞动着，沙沙作响。

又过了一阵，小孙女开始犯困了，眼睛一睁一闭的。姨母就轻晃着襁褓，哼起歌哄她睡觉。她哼的却不是摇篮曲，我仔细一听，原来是那首《在希望的田野上》。

"我们的未来在希望的田野上，人们在明媚的阳光下生活，生活在人们的劳动中变样……"

手中的石斛花在姨母有些跑调的歌声中，竟显出一种近乎神圣的美。我小心翼翼地在朝阳下捧着它，它的花瓣在我眼里，显出太阳的颜色。

[本文获第三届香港中文大学(深圳)"摆渡人杯"卓越文采一等奖]

别　戏

岳源源　四川外国语大学附属外国语学校

"哟，大家伙儿都在这儿呢。"

春桃推开老院的木门，斑驳凸起的木刺有些扎手，门底与地板摩擦发出咿咿呀呀的呻吟，扬起一阵灰尘。她皱了皱眉，抬手捂住了口鼻，用略带嫌弃的眼神环顾四周，小心翼翼地抬脚跨过她曾无比熟悉的门槛。

这个院子年头不小了，门前那棵老树少说也有百年，春桃就是在这里度过了她大半的童年。她还记得当时这里有多热闹，一个班子里几十个小孩都在这里练基本功，师父们拿板子冷着脸监督他们，被打的不在少数。一有空闲孩子们就喜欢去爬门口的那棵桂花树，那时枝繁叶茂，暗香浮动，孩子们一摇便下起桂花雨。但师父们不允许他们这么做，说是打扰了树下的祖宗。这院子最光彩的时候就是晾戏服，龙蟒、旦帔、素褶，五彩斑斓连成一片，"上五色"的黄、红、绿、白、黑，"下五色"的紫、蓝、粉红、湖色、古铜色，交相辉映，炫人眼目。

如今院子的摆设是一点儿没变，只是几个练功用的木桩朽了，台子塌了，桌子蒙灰了。院子里的那几个人也许是这几年院子里唯一的生气。

坐在桌子旁的那几个人脸色阴沉，看起来各有各的心事。

"怎么选在这儿啊？都多少年了。"春桃走到桌子旁，拿帕子掸了掸灰，坐在他们中间。

"我今天把大家都叫到这里来，是有件重要的事儿，得在这儿向祖宗交代。"坐在桌子正中的人开了口。她叫秋兰，是庆春班的台柱子。虽然她早已年过半百，但眼睛依旧熠熠生光。她年轻时是出了名的角儿，身段高挑挺拔，顾盼生辉，音色空明透亮，既可婉转娇媚，又能清正有节。尤其是她演的虞姬，银刃划过，不知碎了多少霸王的心，凡是有她的戏，都是场场爆满。有人说她戏服穿久了，脱不下来了。也确实，她终生未婚未育，自从接过这个班子，她的生活就再也没有戏之外的东西。她在戏里唱着别人的爱恨情仇，却在戏外孑然一身。如今美人迟暮，而戏班也到了末路。

"秋兰，真就这么散了？祖宗几十年的功业败在我们手上你甘心吗？"站在一旁的冬梅忍不住了。她比秋兰小一些，却也早已过了唱戏的好年纪。

秋兰没有说话。

"你还没看清吗，冬梅？"春桃也耐不住了，原本平静戏谑的语调变得激动，"变天了！就是祖宗也没有办法。这戏班解散是迟早的事儿。"

"戏班解散你这么高兴吗？你看看这院子，你都忘了吗，春桃？"冬梅没忍住，哭了。

"谁不是这么过来的，能忘吗？"春桃憋着的那口气散了，红了眼眶，把头转了过去。

"还不是我们班主非要守着老一套，都什么年代了还演这老三样。"她越说越激动，"这就算了，咱再说徒弟的事儿。哪个班子没有接班的徒弟？现在的孩子吃不了苦也就算了，明明有个现成的好徒弟，别人又肯学又是个好苗子，你为什么不肯教？"

秋兰知道，春桃口中的好苗子就是前几周从城里回来探亲的学生朝华。那孩子确实是个好苗子，正处在唱戏的好年纪，音色透亮，身段挺拔，若是勤加训练，定能成角儿。那孩子是自己来找秋兰的。他看了庆春班的表演，一眼就被京剧的唱腔和身段迷住了，求着秋兰教他。秋兰怎么可能不愿意教，别的孩子不是态度懒散，就是怀了别的心思，只有朝华让秋兰心甘情愿地想把毕生所学都传给他。但她还没答应，她自己也说不上来是为什么，总觉得不安。

"是啊，秋兰姐，我们实在是不知道你为什么……"

"行了，"秋兰打断了冬梅的话，"都别吵了，这戏班到了今天这个地步，责任在我。我向祖宗赔不是，大家各奔前程去吧。"秋兰站起身来背对着她们，挥了挥手。

"凭什么你说散就散啊，这事儿不能你说了算。这戏班还有几个人，暂时还能再撑一会儿，其他的我们再想办法。"春桃一拍桌子，转过身头也不回地走了，趁机抹了把刚流下来的眼泪，"你好好考虑一下那个好苗子吧。"

她一点儿也没变。秋兰想。

"你们也走吧，让我一个人待会儿。"秋兰对剩下的人说。

院子又恢复了往日的寂静。风吹过，把门前那棵桂树的枯叶吹了进来。那棵树早就没了往日的繁盛，光秃的枝丫没人能看出它曾是那样美丽，候鸟也难在此停留了。

是从什么时候开始的呢？秋兰想。是从村子里通了信号，是从节日表演时观众逐渐减少，还是从青年们接二连三地奔向大城市？戏是从哪一步开始输给这个时代的？

她不知道。

她走进内室，掸了掸灰尘，坐到了曾经的梳妆台上。镜子花了，镜子里的人也老了。模糊的镜面略去了眼角的皱纹，她仿佛又看到了那个年轻的轮廓，看到了自己第一次扮上戏装时那惊讶的神情，看到了那个自己风华绝代、顾盼生辉的时代。

她突然想再唱一次戏，最后一次。就唱《霸王别姬》，没有霸王，她也想做一次真虞姬。

她翻出了压箱底的戏服，鱼鳞甲仍旧熠熠生辉，如意冠也从未蒙尘。她抽出鸳鸯剑，寒刃未钝。底色，腮红，定妆，胭脂，眼圈……每一笔都带着毕生的虔诚。

妆毕，秋兰走进了那个空无一人的院子。夜幕初临，霖霖微拂，风移影动，月华轻降，而戏方开场。

"看大王在帐中和衣睡稳，我这里出帐外且散愁情。"

秋兰想起了几十年前她和春桃、冬梅在戏班里的第一场演出，台前台后人来人往，观众席早已坐满。开场前一刻她们三个还在互相询问自己的眉毛有没有画歪，还在默习着台词动作，手心里全是汗。

"轻移步走向前荒郊站定，猛抬头见碧落月色清明。"

她又想起后来她接过班子，起初也还红火，到了近几年却不行了，观众也从原来的爆满到只剩了几个老人。有一次好不容易在村子里有场演出，一场突如其来的雨让本就稀稀拉拉的观众全都离去。她们在雨中唱完了整场戏，对着空荡荡的观众席。那一次班子里不少人都哭了，但是秋兰不能哭，她是台柱子，她只能把眼泪咽下去。

雨越下越大了，浸湿了厚重的戏服。发丝凌乱地贴在脸侧，秋兰几乎什么都看不见了，只能隐约看见门口的桂树上挂着晶莹的雨珠，映射出清亮的光。她感觉妆花了，不知道是雨水还是泪水的过错。

"汉兵已略地，四面楚歌声。君王意气尽，贱妾何聊生。"

寒刃出鞘，在灯光的映射下冷气逼人，剑已经架在脖子上，但是秋兰却突然顿住了。

她看见门外那棵桂树下站着一个小小的人影 —— 是朝华。他不知是何时来的，又淋了多久的雨。秋兰看见他的脸上也闪烁着晶莹的泪珠，呆呆地望着院子里的表演。

秋兰手中的剑掉到地上，发出金属清脆的叮当声。

秋兰仿佛看见门外的那棵桂树上，发了一株新芽。

[本文获第三届香港中文大学（深圳）"摆渡人杯"卓越文采二等奖]